LES
INSTITUTIONS MONÉTAIRES
DE LA FRANCE

AVANT ET DEPUIS 1789

PAR

H. COSTES

Sous-Directeur à la Direction générale
des Caisses d'Amortissement et des Dépôts et Consignations
Ancien Sous-Directeur
de la Direction générale des Monnaies et Médailles

PARIS

GUILLAUMIN ET Cⁱᵉ, LIBRAIRES

Éditeurs du Journal des Économistes, de la Collection des principaux Économistes,
du Dictionnaire de l'Économie politique,
du Dictionnaire universel du Commerce et de la Navigation, etc.

RUE RICHELIEU, 14

1885

LES
INSTITUTIONS MONÉTAIRES
DE LA FRANCE

PARIS. — P. MOUILLOT, 13-15, QUAI VOLTAIRE

LES
INSTITUTIONS MONÉTAIRES
DE LA FRANCE
AVANT ET DEPUIS 1789

PAR

H. COSTES

Sous-Directeur à la Direction générale
des Caisses d'Amortissement et des Dépôts et Consignations
Ancien Sous-Directeur
de la Direction générale des Monnaies et Médailles

PARIS

GUILLAUMIN ET Cⁱᵉ, LIBRAIRES

Éditeurs du Journal des Économistes, de la Collection des principaux Économistes,
du Dictionnaire de l'Économie politique,
du Dictionnaire universel du Commerce et de la Navigation, etc.
RUE RICHELIEU, 14

1886

PREMIÈRE PARTIE

SYSTÈME MONÉTAIRE

DE

LA FRANCE

CHAPITRE PREMIER

Système monétaire depuis 1789.

La supériorité du système métrique décimal est
universellement admise aujourd'hui. La base naturelle et invariable de ce système ; l'unité de cette
base, qui permet de passer facilement d'une mesure
à une autre et de se faire une idée nette de l'une
par l'autre ; des dénominations raisonnées, indiquant
le rapport qui existe entre l'unité et son multiple
ou son sous-multiple ; les opérations arithmétiques
auxquelles le mesurage et le pesage peuvent donner
lieu rendues parfaitement simples ; tous ces avantages du système métrique décimal sont trop
connus pour qu'il soit nécessaire de les rappeler ici.
Il n'a pas fallu cependant moins de cinquante
années pour que ce système arrivât à se substituer

complètement, en France, à l'ancien système des poids et mesures, dont les types variés et les divisions duodécimales rendaient l'usage si incommode. Ce résultat peut surprendre à première vue; il s'explique, quand on réfléchit aux conditions dans lesquelles sa réalisation a été poursuivie et obtenue.

Si avantageuse, si nécessaire même qu'elle puisse être, la réforme d'une coutume populaire est toujours une entreprise difficile; mais si cette réforme s'attaque à la fois à toutes les habitudes, à toutes les pratiques d'un grand peuple; si elle s'en prend à ce qui sert de règle depuis des siècles aux transactions, aux contrats, aux mille détails de la vie matérielle de ce peuple ; si elle vise à changer même la langue; si de plus la réforme se produit dans des temps d'agitation et de trouble, au milieu de bouleversements politiques et sociaux, alors les résistances prennent des proportions incalculables et le temps seul peut les user. Or toutes les circonstances défavorables que nous venons d'énumérer se sont trouvées réunies pour entraver la marche de la réforme métrique.

Il n'est donc pas surprenant que cette réforme, adoptée en principe dès l'année 1790[1], n'ait été

1. L'Assemblée nationale demande au Roi de s'entendre avec Sa Majesté britannique pour charger des savants des deux nations de déterminer la longueur du pendule et d'en déduire un modèle invariable pour toutes les mesures et pour les poids. (Séance du 8 mai 1790.)

définitivement accomplie qu'en 1840. On ne doit
pas s'étonner davantage des hésitations des gouvernements qui se sont succédé en France pendant
cette période de cinquante ans, ni des essais plus
ou moins heureux de conciliation qui ont été tentés
pour ménager le passage d'un régime à l'autre.

D'ailleurs, la réforme des poids et mesures se
compliquait de celle des monnaies; car l'une appelait l'autre. En effet, en même temps qu'elle nommait une commission pour rechercher le moyen de
doter la France d'une série uniforme de mesures qui
aurait pour base un type immuable pris dans la nature, l'Assemblée constituante chargeait un comité
spécial de lui soumettre le plan d'une réorganisa-
tion complète des monnaies. Mais cette assemblée,
pressée par les événements, se contentait de parer
aux nécessités du moment, en jetant dans la circulation une masse d'espèces inférieures suffisante
pour former les appoints des assignats, qui rempla-
çaient seuls, comme instruments d'échange, l'or et
l'argent presque entièrement disparus. Dans ce but,
elle décrétait la frappe, jusqu'à concurrence de
15 millions de livres, de pièces de 15 et de 30 sous
en argent à bas titre, et elle décidait que le métal
des cloches provenant des églises supprimées serait
employé à fabriquer des doubles et des simples sous.

Comme la Constituante, l'Assemblée législative se
bornait à ordonner une nouvelle émission d'espèces

de bronze, taillées sur la livre et sur le marc ; mais dès que les bases du système métrique décimal eurent été définitivement arrêtées, la Convention s'occupa de mettre l'ensemble des monnaies françaises en harmonie avec ce système.

Les essais de transformation commencèrent par la monnaie de cuivre. Deux décrets, des 24 août et 12 septembre 1793, prescrivirent la frappe de pièces de 5 décimes, de 1 décime, de 5 centimes et de 1 centime, du poids de 1 gramme par centime, pour remplacer les pièces de 2 sous, de 1 sou, de 6 et de 3 deniers qui étaient en circulation.

Un troisième décret, du 16 vendémiaire an II (7 octobre 1793), décida que l'unité monétaire serait le centième du kilogramme qu'il appelait *grave*, et que cette unité serait représentée : 1° par une pièce d'argent au titre de 900 millièmes de fin et du poids de 10 grammes ; cette pièce, appelée *Républicaine*, devait avoir son quintuple ; 2° par une pièce d'or dite *franc d'or*, également du poids de 10 grammes et au titre de 900 millièmes de fin.

Les inspirateurs de ce dernier décret avaient cédé à deux tendances : appliquant une théorie qui trouve encore de nos jours des défenseurs, ils prétendaient faire de la monnaie d'or et de la monnaie d'argent un simple lingot dont le poids et le titre seraient certifiés par l'État, mais dont la valeur resterait subordonnée, comme celle de toutes les autres marchandises, à la loi de l'offre et de la demande ; ils voulaient en second lieu que chacun de ces lingots représentât une division exacte du système métrique décimal. Par la première disposition, le vrai rôle de la monnaie, qui ne peut servir de mesure commune dans les échanges si elle n'a pas elle-même une valeur fixe et invariable, était complètement méconnu. On rendait bien difficile, par la seconde, l'assimilation entre les anciennes et les nouvelles espèces. Pour cette double raison, le décret du 16 vendémiaire an II était condamné à un échec certain si l'application en avait pu être tentée. Mais ce décret est resté à l'état de lettre morte et la loi du 18 germinal an III (7 avril 1795), qui a constitué définitivement le nouveau système de poids et de mesures basé sur le mètre et sur la division décimale, substitua, comme unité monétaire, à la livre le *franc*[1], divisible en dixièmes et en centièmes.

Deux lois du 28 thermidor (15 août 1795) complétèrent la réglementation de la loi du 18 germinal an III, en fixant les dénominations, les poids, les titres et les empreintes d'une série de monnaies d'or, d'argent et de bronze. La première de ces lois portait : que le titre de la monnaie d'argent serait de

---

1. C'est Henri III, par ordonnance du 30 mai 1575, qui a donné, le premier, le nom de *franc* à une pièce au titre de 10 deniers d'argent fin et à la taille de 17 1/4 pièces par livre.

neuf parties de ce métal pur et d'une partie d'alliage ; que la pièce d'un franc serait à la taille de 5 grammes, celle de 2 francs à la taille de 10 grammes, celle de 5 francs à la taille de 25 grammes. La même loi ordonnait la frappe de pièces de bronze de 1, de 2 et de 5 centimes, de 1 et de 2 décimes, du poids de 1 gramme par centime. La pièce de 5 décimes, trop volumineuse, n'était plus mentionnée. La seconde loi de thermidor an III maintenait la frappe de pièces d'or de 10 grammes, composées de neuf parties de métal fin et d'une partie d'alliage. Au centre de la pièce, on devait inscrire son poids, sans aucune désignation de valeur.

D'après le nouveau système qu'inauguraient les deux lois de thermidor an III, un poids déterminé et métrique d'argent fin, représentant une valeur invariable, devenait l'unique étalon monétaire, la seule mesure légale de toutes les valeurs. A côté de la monnaie étalon d'argent, il était créé une monnaie subsidiaire d'or, également d'un poids métrique déterminé, mais sans valeur fixe. C'était exactement le régime que Mirabeau avait conseillé dans son mémoire à l'Assemblée constituante du 12 décembre 1790.

Des pièces de 5 francs en argent et des pièces de bronze furent frappées dans les conditions déterminées par la première des deux lois de thermidor an III ; mais, si les pièces d'argent, dont la valeur

intrinsèque était égale à la valeur nominale et se
rapprochait de la livre, furent acceptées sans difficulté, il n'en fut pas de même des monnaies de
bronze, de moitié plus petites que celles qu'elles
devaient remplacer. Leur mise en circulation ren-
contra de telles résistances qu'il fallut rapporter les
dispositions qui les concernaient. Deux lois du
3 brumaire an V (24 octobre 1796) prescrivirent le
retrait de toutes les monnaies de bronze et l'émission de dix millions en pièces de cuivre de 1 et de
5 centimes, du poids de 2 grammes par centime.

Quant à la pièce d'or de 10 grammes, son émission ne fut même pas essayée. Outre que les circonstances étaient peu favorables encore à la
reprise du monnayage de l'or, on s'accordait généralement à penser qu'une monnaie dont la valeur
n'était pas déterminée serait d'un usage peu commode et circulerait difficilement. Aussi, quand la
question fut reprise en l'an V, chercha-t-on à modifier dans un sens plus pratique les dispositions de
la loi du 28 thermidor an III en ce qui avait trait
à la monnaie d'or. Le Directoire, dans un mes-
sage[1] adressé au Conseil des Cinq cents, s'était
prononcé pour le maintien de la pièce d'or de
10 grammes; mais il demandait que sa valeur fût
déterminée, et il proposait de la fixer à seize fois

---

1. Rapport du ministre des finances Ramel.

celle de l'argent, soit à 32 francs, sauf à modifier cette proportion suivant les variations du prix commercial de l'or. Dans un rapport, présenté le 17 ventôse au nom de la commission des finances, Prieur, de la Côte-d'Or, repoussa ces propositions et soumit au Conseil des Cinq cents un projet de règlement général sur les monnaies en 32 articles, qui reproduisait les dispositions de la loi du 28 thermidor an III pour les pièces d'argent et contenait, relativement à l'or, les clauses suivantes :

Art. 2. — Il n'y aura qu'une seule sorte de pièces d'or[1]. Chaque pièce sera au titre de 9/10 de fin. Elle sera du poids de 10 grammes.

Art. 4. — Au centre sera écrit le poids de la pièce.

Art. 5. — La valeur légale de la pièce d'or ne sera pas fixe. Elle variera comme le prix des matières d'or dans le commerce. En conséquence, les citoyens pourront se transmettre les pièces d'or au taux stipulé entre eux de gré à gré.

Mais, pour prévenir les abus et les entraves dans le service public, le cours légal de la pièce d'or sera toujours, pendant chaque semestre de l'année,

---

1. Cette disposition répondait à une proposition faite par Thibaut, dans un premier rapport du 22 floréal an V, de créer une pièce d'or du poids de 6 grammes concurremment avec celle de 10 grammes.

égal à la moyenne du prix commercial de la pièce d'or à Paris dans les six mois précédents.

ART. 6. — La Trésorerie nationale déclarera, les 1er vendémiaire et germinal de chaque année, la valeur légale de la pièce d'or d'après la base prescrite par l'article précédent, et rendra compte immédiatement au Corps législatif des éléments sur lesquels elle aura établi son calcul.

Les pièces d'or seront reçues dans le payement des impositions et employées dans toutes les branches de l'administration publique pour leur valeur déterminée dans les articles précédents, et tous les agents soumis à l'inspection du gouvernement ne pourront refuser ces pièces à ce taux.

ART. 29. — Le louis d'or ayant cours, c'est-à-dire conforme à l'édit de 1785, aura une valeur légale variable et qui, jusqu'à la refonte totale, sera déclarée par la Trésorerie nationale d'après la même règle prescrite à l'égard des nouvelles pièces d'or républicaines.

Après une discussion, dans laquelle les propositions de Prieur furent soutenues par Bérenger (de la Drôme) et combattues par le représentant Coupé (des Côtes-du-Nord), qui fit remarquer qu'il n'y avait plus de base pour les transactions avec la variabilité de l'or, le Conseil des Cinq cents adopta le projet en supprimant les articles 5 et 6, c'est-à-dire les dispositions relatives à la fixation de la valeur de l'or pour les payements aux caisses publiques, et en maintenant l'article 29 avec une modification de rédaction qui semblait renvoyer à une loi ultérieure le règlement de cette fixation (séance du 3 floréal an VI). Le projet de Prieur fut présenté, ainsi amendé, au Conseil des Anciens, qui le rejeta (séance du 27 messidor an VI) au rapport de Cretet et par le motif que ce projet, « en laissant la valeur légale de la monnaie d'or dans l'indétermination, mettait non seulement un obstacle à la fabrication des pièces nouvelles, mais paralysait la circulation si nécessaire des pièces anciennes. »

A la suite de ce rejet, la question de l'achèvement du système monétaire de la République sommeilla jusqu'à l'an X. A cette époque le Conseil d'État fut saisi par les Consuls d'un nouveau projet qu'avait préparé M. Gaudin, ministre des finances, et dans lequel il proposait la fabrication de pièces d'or de 20 et de 40 francs basées sur le maintien du rapport de valeur que l'édit de 1785 avait établi entre la monnaie d'or et la monnaie d'argent, c'est-à-dire sur le rapport de 15 $^1/_2$ à 1. M. Gaudin expliquait, d'ailleurs, que l'argent continuerait d'être la base des monnaies de la République et que les pièces d'or devraient être refondues, si les circonstances forçaient à changer le rapport fixé entre les deux métaux. Le projet de M. Gaudin fut rejeté par la section des finances du Conseil d'État, qui lui substitua un système analogue à celui de Prieur, sauf que le tarifage de l'or devait se faire par voie législative.

Le Premier Consul, qui voulait une solution, chargea la section des finances de soumettre, en son nom et au nom de ses deux collègues, à la discussion du Conseil d'État une série de questions sur les monnaies. Les deux premières étaient ainsi rédigées :

I. — L'unité monétaire sera-t-elle représentée par un seul ou par plusieurs métaux; par une quantité d'or et d'argent également variable, ou par une quantité fixe d'argent et une quantité variable d'or?

II. — L'unité monétaire étant représentée par un seul métal, auquel accordera-t-on la préférence?

Le rapporteur de la section des finances, M. Bérenger, le même qui avait, en l'an VI, soutenu le projet de Prieur au Conseil des Cinq cents, maintint ses précédentes conclusions, à savoir : adoption de l'argent comme seule unité monétaire, frappe d'une monnaie subordonnée d'or sans valeur fixe, et détermination de cette valeur seulement pour les payements aux caisses publiques et aux maîtres de poste. Ce système fut combattu par le ministre des finances dans un second rapport aux consuls, qui porte la date du 26 brumaire an XI. Opposant l'expérience aux spéculations de la théorie, M. Gaudin démontrait, dans ce nouveau rapport, la nécessité de conserver la monnaie d'or, en raison de la place considérable qu'elle occupait dans la circulation et les transactions nationales. Il concluait de cette nécessité à celle d'une détermination légale et générale de la valeur de la monnaie d'or, les pièces de ce métal ne pouvant, sans une valeur fixe, remplir qu'imparfaitement leur office de monnaie. Il maintenait donc ses précédentes propositions touchant la fixation à 15 ½ de la proportion de l'or à l'argent et la fabrication des pièces de 20 et de 40 francs; mais il ne faisait plus mention, cette fois, de la possibilité d'une modification de cette proportion et d'une refonte des monnaies d'or.

« Non seulement il faut au peuple, disait M. Gaudin, une monnaie d'une valeur certaine, mais il la lui faut encore d'un compte facile.

« C'est par ces considérations que j'ai proposé des pièces de 20 et de 40 francs; ces pièces, qui ne s'écartent du système décimal qu'à l'égard du poids seulement, offrent l'avantage de s'adapter à nos vrais besoins, à la commodité des calculs, à des usages et à des idées généralement reçus par le peuple, pour qui la monnaie est principalement faite ».

Les propositions de M. Gaudin furent adoptées

par le Conseil d'État, et elles sont devenues la loi des 7-17 germinal an XI, qui a posé les fondements du système monétaire français.

La loi des 7-17 germinal an XI[1] débute par une disposition générale qui confirme, en lui donnant plus de précision, le principe déjà établi dans la loi du 18 germinal an III. Elle est ainsi conçue :

« 5 grammes d'argent, au titre de 9/10 de fin, constituent l'unité monétaire, qui conserve le nom de franc. »

Cette disposition générale était suivie d'un règlement sur la fabrication et la vérification des monnaies divisé en deux titres et comprenant vingt-deux articles. En voici les principales dispositions :

La loi ordonnait la frappe : 1° de monnaies d'argent d'un quart de franc, d'un demi-franc, de trois quarts de franc, de 1 franc, de 2 francs, de 5 francs ; 2° de pièces d'or de 20 et de 40 francs, au titre de 9/10 de fin et à la taille, les premières de 155 pièces, les secondes de 77 pièces 1/2 au kilogramme ; ce qui établissait entre la monnaie d'or et la monnaie d'argent le rapport de valeur de 15 $^1/_2$ à 1. Des pièces en cuivre pur de 2 centièmes, de 3 centièmes et de 5 centièmes, au poids de 2 gram-

---

1. Voir l'exposé des motifs et le texte de la loi aux annexes.

mes par centième, complétaient la série des monnaies nationales.

Pour la monnaie d'argent, les tolérances[1] étaient fixées, celle de titre à 3 millièmes et celle de poids, savoir : à 10 millièmes pour les pièces d'un quart de franc; à 7 millièmes pour les pièces d'un demi-franc; à 5 millièmes pour les pièces de 1 franc et de 2 francs; à 3 millièmes pour les pièces de 5 francs, le tout en dehors et en dedans. Pour les deux espèces de monnaie d'or, une même tolérance de 2 millièmes était admise pour le poids et pour le titre.

L'article 14 de la loi du 7 germinal an XI disposait qu'il ne pourrait être exigé de ceux qui porteraient des matières d'or et d'argent au change que les frais de fabrication, fixés à 9 francs par kilogramme d'or et à 3 francs par kilogramme d'argent[2].

---

1. Les tolérances ont été réduites depuis l'an XI. Celle de titre sont actuellement de 0,001 pour l'or; de 0,002 pour les pièces de 5 francs d'argent et de 0,003 pour les monnaies divisionnaires.

Les tolérances de poids sont fixées ainsi :

Pièces de 100 et de 50 francs en or.	0gr 001
— de 20 et de 10 —	0 002
— de 5 —	0 003
Pièces de 5 francs en argent.	0 003
— de 2 et 1 franc —	0 005
— de 0f50 —	0 007
— de 0f20 —	0 010

2. Les frais de fabrication ont été abaissés à 0f70 pour la monnaie d'or et à 1f50 pour la monnaie d'argent (Décrets des 22 mai 1849 et 22 mars 1854, confirmés par un décret du 31 octobre 1879).

Nous avons analysé, dans ses parties essentielles, la loi du 7 germinal an **XI**. Il nous reste à en faire ressortir le caractère et la portée, et à montrer le changement qu'elle a opéré dans la législation française sur les monnaies.

Deux vices ont été surtout reprochés à l'ancien système monétaire : l'extension abusive donnée au droit régalien de battre monnaie et l'incessante mobilité de l'unité monétaire, qui en a été la conséquence.

D'après la doctrine qui a prévalu jusqu'à la Révolution française, la monnaie émanait du roi. On concluait qu'il pouvait en régler la valeur à sa guise. En conséquence, un édit royal fixait la quantité de métal or ou argent qui devait entrer dans la composition des monnaies et assignait à chaque pièce, en même temps que sa dénomination, sa valeur en livres, sous ou deniers. Un autre édit modifiait cette valeur, sans rien changer à la dénomination ni à la composition des pièces, ou cet édit faisait rentrer les monnaies, qui étaient refondues, puis émises de nouveau avec les mêmes dénominations et les mêmes valeurs, à un titre ou à un poids différent. Suivant les exigences du moment et souvent dans un intérêt purement fiscal, on procédait par des changements alternatifs, tantôt en hausse et tantôt en baisse, mais avec tendance à diminuer de plus en plus la valeur de l'unité monétaire. Il en était résulté que la livre, qui, sous Charlemagne, contenait une quantité d'argent fin égale au poids que son nom désigne et qui représentait encore, sous saint Louis, 20 fr. 26 de la monnaie actuelle, ne valait plus en 1789 que 99 centimes (exactement 98 centimes 94/100).

On comprend quelle influence désastreuse ces changements perpétuels et trop souvent arbitraires ont exercée sur les transactions publiques ou privées. Aussi la fixité de l'unité monétaire avait-elle été la préoccupation constante du législateur depuis 1789. Cette pensée, qui se retrouve dans tous les essais préparatoires de la loi de l'an XI, a été définitivement réalisée par cette loi. En vertu de la disposition générale qui lui sert de préambule, la livre tournois, monnaie idéale et variable, a été remplacée par une unité réelle et fixe, puisqu'elle est représentée par un poids, déterminé une fois pour toutes, de 5 grammes d'argent à 9/10 de fin.

Mais la loi de l'an XI ne s'est pas bornée à assurer la fixité de l'unité monétaire, ce qui constituerait déjà un progrès considérable; elle en a réalisé un autre non moins important, en disposant, par son article 11, qu'il ne pourrait être exigé de ceux qui porteraient des matières d'or ou d'argent à la Monnaie que les frais de fabrication. Elle a substitué ainsi le libre monnayage au profit de tous au monopole que l'État s'était arrogé jusque-là sur la conversion des métaux précieux en monnaies et a mis fin aux abus que ce monopole avait engendrés.

La loi du 7 germinal an XI a fait une troisième œuvre, qui a été, selon nous, fort avantageuse pour la France, en attribuant à l'or la fonction de monnaie légale sur le même pied qu'à l'argent, ou plutôt en maintenant à l'or cette fonction, que toutes nos anciennes constitutions monétaires lui avaient reconnue. Grâce à l'emploi concurrent d'une monnaie d'or et d'une monnaie d'argent reliées entre elles par un rapport fixe de valeur, notre pays a pu passer d'une monnaie à l'autre, suivant les nécessités des circonstances, et il a eu ainsi plus de facilité pour maintenir toujours sa circulation métallique au niveau de ses besoins.

Ces dernières conséquences que nous attribuons à la loi de l'an XI sont très contestées, surtout de la part des économistes ; mais, quelque respect que nous professions pour la science économique, nous préférons à ses enseignements les leçons pratiques que fournit l'expérience. Or, l'opinion que nous exprimons au sujet des avantages qu'aurait procurés à la France l'adoption de la double circulation métallique, nous a été imposée par une étude attentive des faits généraux de la circulation et des intérêts particuliers que la France a dans la question.

En résumé, la loi du 7 germinal an XI a assuré

l'invariabilité de l'unité monétaire et établi la liberté du monnayage, tout en donnant à la circulation métallique de la France, par l'emploi concurrent de l'or et de l'argent comme monnaie légale, les assises les plus larges et les plus solides. Ces assises sont celles sur lesquelles repose aujourd'hui encore notre édifice monétaire[1]. Toutefois, ce n'est pas la loi de l'an XI qui a créé la série, si bien coordonnée et si pratique, des monnaies d'or, d'argent et de bronze dont se compose cette circulation. D'autres lois postérieures ont achevé son œuvre, en s'inspirant de son esprit. En effet, sur les quatorze espèces[2] de monnaies dont nous sommes en possession, deux seulement, la pièce d'or de 20 francs et la pièce d'argent de 5 francs, remontent à l'an XI; les douze autres monnaies ont été créées, savoir : la pièce de 10 francs en or[3] par un décret du gouvernement provisoire du

1. La fabrication de l'argent est suspendue depuis le 1er février 1878, mais non supprimée.

Par conséquent, le principe du libre monnayage des deux métaux, qu'a posé l'article XI de la loi de germinal, n'est pas abandonné.

2. Dans le nombre n'est pas comprise la pièce d'or de 40 francs qui continue de circuler, mais qui a cessé d'être frappée en vertu d'un décret du 12 décembre 1854.

3. Une ordonnance royale du 8 novembre 1830 avait prescrit la frappe de pièces d'or de 100 francs et de 40 francs; mais, bien qu'il existe des pièces d'essai de l'une et de l'autre coupure au musée de l'Administration des Monnaies, cette ordonnance est restée sans exécution.

3 mai 1848; les pièces de 1 centime, celles de 2, de 5 et de 10 centimes en bronze par la loi du 6 mai 1852; la pièce de 5 francs en or par un décret du 12 janvier 1854; celles de 100 et de 50 francs en or par un décret du 12 décembre suivant; enfin, les pièces de 2 francs et de 1 franc, celles de 50 et de 20 centimes en argent, au titre de 835 millièmes de fin, par deux lois des 25 mai 1864 et 14 juillet 1866.

Sauf la dernière, qui a porté, par l'abaissement de titre du franc, une sérieuse atteinte à l'intégrité du système monétaire français, toutes ces créations ont tendu à mettre ce système en harmonie de plus en plus étroite avec le système décimal métrique. Il faut reconnaître qu'elles y ont parfaitement réussi; car nos quatorze monnaies sont dans les conditions les plus rigoureuses de la décimalité, et elles sont conformes au système métrique dans toutes les parties où cette conformité était possible; mais ce résultat si désirable n'a été obtenu que tardivement et, jusqu'en 1829, la plus grande confusion a régné dans notre circulation métallique, composée des éléments les plus hétérogènes. L'or en pièces de 20 et de 40 francs s'y trouvait mêlé aux anciens louis de 12, de 24 et de 48 livres; les pièces d'argent de 1, de 2 et de 5 francs, de 1/2 et de 1/4 de franc étaient confondues avec les pièces de 6, de 12 et de 24 sous. Les pièces de 1 décime, de 5 centimes et de 1 centime circulaient pêle-mêle avec les liards, les pièces de 3 et de 6 deniers, celles de 1 et de 2 sous. Enfin, les pièces de 10 centimes à la lettre N, les pièces de 6 liards, de 15 et de 30 sols, sans rapport de poids ni d'alliage avec les autres espèces en usage, venaient encore ajouter au désordre.

Une réforme était devenue urgente. Elle commença par les monnaies d'or et d'argent duodécimales. En vertu de deux lois des 29 juin 1829 et 30 mars 1834, les pièces d'or de 24 et de 48 livres, les écus d'argent de 3 et de 6 livres, les pièces de 6, de 12 et de 24 sous cessèrent d'avoir cours le 1ᵉʳ janvier 1835.

Le billon fut supprimé en 1845, avec les pièces de 15 et de 30 sous.

Les monnaies inférieures de toute origine et de toute composition, cuivre rouge, métal de cloche, etc., furent démonétisées de 1852 à 1856 et remplacées par les pièces actuelles de 1, 2, 5 et 10 centimes en bronze.

Quatre autres démonétisations complètent, avec les trois qui précèdent, la série des opérations qui ont contribué à la constitution actuelle de notre système monétaire. Ce sont : la refonte des pièces de 25 centimes, remplacées par celles de 20 centimes (1852) ; la refonte des pièces d'or de 10 francs du diamètre de 17 millimètres (1855) ; celle des

pièces d'or de 5 francs du diamètre de 14 millimètres (1859) ; la conversion des pièces divisionnaires d'argent, au titre de 900 millièmes de fin,
en espèces à 835 millièmes (1864 et 1866).

Nous nous proposons d'étudier successivement
chacune de ces démonétisations ; mais, pour remplir le programme que nous nous sommes tracé, il
nous faut d'abord montrer ce qu'était le système
monétaire en vigueur avant 1789.

CHAPITRE II

Système monétaire avant 1789.

Pour se faire une idée exacte du système monétaire antérieur à 1789, il faut remonter jusqu'à la
refonte générale ordonnée par l'édit du mois de
janvier 1726, et passer en revue tous les faits se
rattachant à la fabrication ou à la circulation
des monnaies, qui se sont produits en France
depuis· cette époque jusqu'à la déclaration du
30 octobre 1785. Notre intention est donc d'exposer
ces faits dans leur ordre chronologique ; toutefois
nous tenons à expliquer au préalable les termes
dont nous aurons à nous servir, dans le cours de
cet exposé, pour indiquer les conditions de numération, de poids, de titre et les tolérances de fabrication des anciennes monnaies. Nous nous réser-

vons d'ailleurs de donner en note les indications nécessaires pour la conversion des anciennes mesures.

Le régime monétaire de la France reposait, en 1726, sur les mêmes bases fondamentales qu'au moyen âge; il comprenait une monnaie fictive ou de compte, servant uniquement à exprimer les valeurs, et des monnaies réelles ou métalliques avec lesquelles s'effectuaient les payements.

La monnaie de compte était, comme au temps de saint Louis, la livre[1] divisée en 20 sols, le sol divisé en 12 deniers et le denier en demi et en quart. Au contraire, le poids, le titre, les empreintes des espèces monnayées et, surtout, le rapport entre la quantité de métal fin qu'elles contenaient et leur valeur exprimée en livres, sols ou deniers avaient beaucoup varié.

Jusqu'à l'établissement du système décimal métrique, l'unité de poids a été la livre, divisée en 16 onces; l'once se subdivisait en 8 gros; le gros en 3 deniers, le denier en 24 grains; mais l'usage avait prévalu de prendre pour base des opérations en métaux précieux la moitié seulement de la livre,

---

1. Anciennement, on distinguait la *livre tournois* et la *livre parisis*, qui était moins forte d'un quart, c'est-à-dire que 20 sols tournois valaient 25 sols parisis. Une ordonnance du mois d'avril 1667 ayant aboli cette dernière monnaie de compte, la valeur nominale de toutes les monnaies était, en 1726, réglée en livres tournois.

qui s'appelait marc et qui pesait par conséquent
8 onces, contenant 64 gros, 192 deniers ou
4.608 grains[1]. La taille des espèces, ou la quantité de pièces que doit produire l'unité de poids,
était réglée sur le marc.

Le titre sert à faire connaître le degré de pureté
de l'or et de l'argent, c'est-à-dire qu'il indique la
portion de métal pur contenue dans un lingot ou
une quantité de matières ou d'espèces d'un poids
déterminé. Dans l'origine, les monnaies d'or et
d'argent étaient de métal pur; mais on s'aperçut
qu'elles présentaient, en cet état, des inconvénients.
D'abord, l'or et l'argent sont difficiles à obtenir purs
en quantité considérable; ensuite, ils s'usent très
vite. Au contraire, alliés à du cuivre, ils acquièrent
une dureté qui les rend propres à recevoir une
empreinte plus belle et moins sujette à s'effacer.
Ces avantages depuis longtemps reconnus ont
déterminé tous les peuples à alliager leurs monnaies.

On se servait avant 1789 de deux échelles de
titre, l'une pour l'or, l'autre pour l'argent. Celle de
l'or se divisait en 24 parties appelées *karats* et
chaque karat se subdivisait en 32 parties appelées
trente deuxièmes; en réduisant les 24 karats en
trente deuxièmes, on voit que l'échelle du titre de

1. Le grain = 0gr053. — Le gros = 3gr82. — L'once = 30gr 59.
— Le marc = 244gr753.

l'or était composée de 768 parties[1]. L'échelle du titre de l'argent se divisait en **12** *deniers*, et chaque denier se subdivisait en **24** *grains ;* l'échelle entière du titre de l'argent contenait donc **288** parties[2].

L'impossibilité de donner à chaque pièce de monnaie le poids et le titre justes qu'elle doit avoir d'après les règlements avait fait admettre par l'ancienne législation, comme par la nouvelle, ce que nous appelons *tolérance* et ce qu'on appelait alors *remède de poids*, quand il s'agissait du poids, et *remède de loy* ou *d'aloy*, quand il s'agissait du titre. Nous dirons de suite, pour nous dispenser de répéter ce détail à chacun des actes que nous aurons à citer, que le titre est resté invariablement fixé de 1726 à 1785 : pour les espèces d'or, à 22 karats[3] au remède de 12/32[4]; pour les espèces d'argent, à 11 deniers[5], au remède de 3 grains[6]. Il en a été de même du remède de poids, qui n'a

----

1. Le karat = 42 millièmes; le trente-deuxième de karat = 1 millième et une fraction.

2. Le denier = 83 millièmes; le grain = 3 millièmes et une fraction.

3. 22 karats = 917 millièmes.

4. Cette tolérance n'avait été fixée qu'à 10 trente-deuxièmes par l'édit du mois de janvier 1726. Elle fut portée à 12 trente-deuxièmes par une délibération du 12 février suivant, avant que la nouvelle fabrication eût commencé. 12 trente-deuxièmes équivalent à 16 millièmes.

5. 11 deniers = 917 millièmes.

6. 3 grains = 10 millièmes.

pas cessé d'être de 15 grains par marc[1] pour toutes les espèces d'or et de 36 grains par marc[2] pour les écus de 6 et de 3 livres. La tolérance avait été élevée à 41 grains 1/2 pour les pièces de 24 et de 12 sols et à 83 grains pour celles de 6 sols[3].

Le terrain ainsi déblayé, nous pouvons aborder plus librement l'historique de la réforme de 1726, réforme qui ouvre la série des actes dont nous avons entrepris l'étude.

L'édit de janvier 1726 prescrivait la fabrication de louis d'or à la taille de 30 au marc, ayant cours pour 20 livres, les doubles et demis à proportion, et d'écus d'argent à la taille de 8 $^3/_{10}$ au marc[4], ayant cours pour 5 livres, les demis, cinquièmes, dixièmes et vingtièmes à proportion. Toutes les anciennes espèces d'or et d'argent « de fabrique de France et étrangères étaient décriées de tout cours et mise dans toute l'étendue du royaume », c'est-à-dire démonétisées.

Deux causes graves de perturbation ont pesé longtemps sur nos monnaies : les altérations qu'elles ont subies pendant des siècles ; la concurrence des

---

1. 15 grains = 0^{gr}796 ; nous avons dit plus haut que le marc vaut 244^{gr}753.

2. 36 grains = 1^{gr}911.

3. 41 1/2 grains = 2^{gr}205 ; 83 grains = 4^{gr}409.

4. Dans ces conditions, le poids du louis d'or était de 6 deniers 9 grains, et le poids de l'écu d'argent de 23 deniers 3 grains.

monnaies étrangères, favorisée par la fixité et l'élévation relatives de leur valeur. Prohibées jusqu'à Charles VI, qui le premier autorisa l'entrée des pièces de Bourgogne, de Flandre et d'Angleterre, les monnaies étrangères prirent une telle place dans les habitudes des populations en France qu'il n'a pas fallu moins de deux siècles et demi pour arriver à en débarrasser la circulation. Quand Louis XI fut revenu aux espèces de bon aloi, on chercha à les écarter. A différentes reprises un délai fut fixé pour leur démonétisation; mais le moment venu, on reculait devant la crainte de troubler les transactions. Aussi les monnaies étrangères continuaient-elles à encombrer notre circulation, lorsque l'édit de 1726 les a décriées et, cette fois, sérieusement.

Les espèces françaises ou étrangères mises hors de cours devaient être portées aux hôtels des monnaies, pour être converties en nouvelles espèces. Leur change était fixée à 492 livres le marc d'or au titre des louis et à 34 livres le marc d'argent au titre des écus. Ces prix devaient être abaissés progressivement, du 1er mai au 1er septembre 1726, jusqu'à 464 livres le marc d'or et 32 livres le marc d'argent. En attendant qu'une quantité suffisante de nouvelles espèces eût pu être fabriquée, les louis d'or de 37 ½ au marc, émis en vertu de l'édit d'août 1723, et les écus d'argent de 10 et de 10 ³/₈ au marc, émis en vertu des édits de mai 1718 et septembre 1724, continuaient d'avoir cours dans le commerce ; mais leur valeur était considérablement réduite, puisque les louis émis à l'origine pour 27 livres ne devaient plus circuler que pour 12 livres et que les écus émis pour 6 et 4 livres[1] n'avaient plus cours que pour 3 livres. Passé le 30 avril, ces louis et ces écus étaient sujets, comme ceux des précédentes fabrications, aux confiscations prononcées par les anciens règlements contre les monnaies décriées. Enfin, pendant les mois de février, de mars et d'avril 1726, tous les anciens louis et écus pouvaient être versés aux bureaux des recettes des deniers publics, mais à un prix sensiblement inférieur à celui auquel les hôtels des monnaies étaient autorisés à payer les matières.

Le gouvernement royal, en même temps qu'il arrêtait les conditions de la nouvelle réforme monétaire, chercha à en assurer le succès par les mêmes

---

1. Dans l'intervalle entre l'émission et l'édit de janvier 1726, les anciennes monnaies avaient subi de nombreuses variations.

Ainsi les louis d'or de 37 1/2 au marc avaient été réduits successivement à 20 livres (arrêt du 25 mars 1724), à 16 livres (arrêt du 22 septembre 1724) et à 14 livres (arrêt du 4 décembre 1725).

Les écus de dix au marc avaient été portés à 9 livres (édit de septembre 1720), puis réduits à 7 livres 10 sols (arrêt du 1er décembre 1720), à 6 livres 18 sols (édit d'août 1723), à 5 livres (arrêt du 25 mars 1724), à 4 livres (arrêt du 22 septembre 1724), à 3 livres 10 sols (arrêt du 4 décembre 1725).

Les écus de 10 3/8 au marc n'avaient éprouvé qu'une seule variation ; comme ceux de 10 au marc, ils avaient été réduits à 3 livres 10 sols par l'arrêt du 4 décembre 1725.

moyens dont il avait été fait usage dans les précédentes réformations. Un édit du 15 février 1726 étendit à la nouvelle opération toutes les mesures coercitives et répressives qui avaient été appliquées en 1693, 1694, 1710, 1711, 1716 et 1718.

Non seulement les propriétaires, mais les dépositaires des espèces déclarées hors cours ou étrangères devaient les porter de suite aux hôtels des monnaies. Il était défendu de tirer ou négocier des lettres de change payables en espèces qui seraient décriées au jour du tirage ou de la négociation. Les monnaies nationales ou étrangères et les matières d'or et d'argent ne pouvaient être transportées hors du royaume sans une permission par écrit du Conseil royal. La fonte et la difformation des pièces, leur triage, qu'on désignait sous le nom de billonnage, la vente des espèces et des matières à un plus haut prix que celui payé par les hôtels des monnaies étaient absolument prohibés.

Toutes ces prohibitions étaient sanctionnées par les peines les plus sévères, comme on en peut juger par l'énumération suivante des prescriptions pénales que renferme l'édit de février 1726 : confiscation de toutes les pièces décriées ou étrangères qui seraient trouvées en la possession des particuliers et communautés ou dans les successions ; confiscation et amende du double de la valeur des traites tirées ou négociées en espèces décriées, avec bannissement pour

trois ans en cas de récidive ; peine de mort, amende
de six mille livres et confiscation, s'étendant aux
autres marchandises avec lesquelles les espèces ou
matières pouvaient être emballées, aussi bien qu'aux
chariots, chevaux, mulets et autres équipages qui
auraient servi au transport, contre les exporta-
teurs de monnaies ou de lingots ; peine des galères
contre les cochers, postillons et conducteurs de
voitures publiques qui auraient transporté sciemment des espèces décriées, sans qu'il en eût été fait
mention sur les registres des messagers et sur la
lettre de voiture ; peine des galères à perpétuité
contre les orfèvres, joailliers, etc., qui auraient dif-
formé des pièces d'or ou d'argent pour les employer
à leurs ouvrages ; confiscation et amende de
3.000 livres pour l'achat et la vente des matières à
un prix plus élevé que le tarif ; peine du carcan,
confiscation et amende de 3.000 livres pour la fonte
ou le billonnage des espèces et, en cas de récidive,
les galères à perpétuité.

L'édit de février 1726 ne se bornait pas à
soumettre aux peines que nous venons d'énumérer
les contraventions à ses diverses prescriptions ; il
faisait appel à la délation, en accordant aux dénon-
ciateurs la moitié des confiscations et amendes qui
pourraient être prononcées.

En outre, cet édit maintenait, dans toute sa
rigueur, la réglementation des précédents édits en

matière d'altération et de contrefaçon des monnaies. Toute personne convaincue d'avoir contrefait ou altéré les monnaies du royaume, contribué à l'exportation ou à l'introduction de celles contrefaites, devait être punie de mort. Les payeurs et receveurs des deniers publics étaient tenus de cisailler les espèces qui leur paraîtraient suspectes et de les porter aux hôtels des monnaies, pour en recevoir la valeur au prix de la matière. Ces mêmes payeurs et receveurs devaient être punis comme faux monnayeurs, s'il était prouvé qu'ils avaient reçu ou distribué sciemment des espèces de fausse fabrique. Défense était faite aux serruriers, forgerons et autres ouvriers travaillant le fer de faire aucuns ustensiles, machines, balanciers, engins et outils servant aux monnaies ou dont l'usage ne leur serait pas connu, à moins d'une permission par écrit des officiers des Monnaies, à peine d'être déclarés complices des faux fabricateurs qui auraient employé les machines et engins et, comme tels, punis de mort; devaient également être punis comme fauteurs et complices des faux monnayeurs : ceux qui auraient gravé, sans cette même permission, des poinçons, coins ou carrés propres à marquer les monnaies; les voituriers et messagers qui auraient transporté des machines, outils, poinçons monétaires, etc., sans en avoir donné avis au procureur général en la Cour des monnaies ou à ses substituts dans les provinces; les particuliers qui auraient reçu ou recélé lesdites machines.

Nous nous sommes étendu sur les dispositions de l'édit du 27 février 1726 parce qu'elles donnent une idée à peu près complète de la législation monétaire de l'ancien régime. On a justement reproché à cette législation son caractère violent et arbitraire; mais l'exagération même de sa pénalité, qui ne s'accordait plus avec l'état des esprits et des mœurs, devait, en 1726, la frapper d'impuissance.

En effet, toutes les mesures préventives ou répressives échouèrent contre la résistance des populations, qui refusaient d'échanger les anciennes espèces au prix fixé par le tarif. Aussi fut-on obligé de modifier les prescriptions de l'édit de janvier 1726, avant qu'il eût reçu aucun commencement d'exécution.

Cet édit avait accordé jusqu'au 30 avril pour verser les anciens louis et les anciens écus aux hôtels des monnaies, sur le pied de 492 livres le marc de louis et de 34 livres le marc d'écus. Un arrêt du 30 avril prorogea ce délai de deux mois ; mais les anciennes espèces continuant de ne pas se présenter à l'échange, le gouvernement se décida à élever le tarif. Un arrêt du 26 mai 1726 ordonna que, jusqu'au 1ᵉʳ septembre suivant, le marc de louis d'or serait reçu sur le pied de 637 liv. 10 s.

et le marc d'écus pour 44 livres. Le cours des anciennes espèces admises à circuler temporairement était élevé proportionnellement. C'était une augmentation de 145 liv. 10 s. sur les louis et de 10 livres sur les écus, soit plus de 29 pour cent. Le même arrêt reportait la valeur des nouveaux louis de 20 à 24 livres et celle des écus de 5 à 6 livres, soit 20 pour cent seulement d'augmentation. La valeur consentie sur le change des anciennes espèces étant, comme nous venons de le dire, de plus de 29 pour cent, il s'ensuivait une réduction importante dans le bénéfice que la refonte devait procurer au Trésor royal. Si grande qu'elle fût, l'élévation du change ne suffit pas à attirer les anciennes espèces aux hôtels des monnaies, parce que leur cours commercial lui restait encore sensiblement supérieur. On eut recours à une nouvelle augmentation du tarif ; un arrêt du 15 juin porta le marc des louis d'or à 678 liv. 15 s. et celui des écus à 46 liv. 18 s. Ces prix devaient être abaissés à partir du 1ᵉʳ janvier 1727 ; des prorogations successives les maintinrent jusqu'au mois de novembre 1738, époque où toutes les espèces d'or et d'argent frappées antérieurement à 1726 paraissent avoir été définitivement décriées. Du moins ce décri avait eu lieu avant le 22 mars 1749 ; car nous trouvons à cette date un arrêt du Conseil qui interdit toute modération dans l'exécution de l'édit de janvier 1726 et qui prononce la confiscation de 15.192 liv. 10 s. trouvés dans la succession du feu sieur de Saussai, conseiller honoraire au parlement du Dauphiné.

Dans l'intervalle, des mesures, ayant le caractère d'expédients, étaient venues modifier encore la tarification du 15 juin 1726. Un arrêt du 4 novembre 1727 avait fixé à 4 deniers pour livre les droits des changeurs et décidé que ces droits seraient, comme tous les autres frais inhérents à la fabrication, payés sur le bénéfice de cette fabrication. Un second arrêt, publié le 20 septembre 1729, accorda la même remise de 4 deniers pour livre à tous ceux qui apporteraient directement des espèces réformées aux hôtels des monnaies. Elle fut doublée par un édit du 25 août et le change se trouva porté ainsi à 691 liv. 11 s. 11 d. par marc de louis et à 47 liv. 18 s. 4 d. par marc d'écus. Cette nouvelle élévation n'ayant pas produit l'effet attendu, on eut recours à une de ces opérations connues sous le nom de *surachat*. Des banquiers obtinrent, en sus de la remise générale de 8 deniers pour livre, des remises spéciales sur le prix des matières et des espèces d'or et d'argent étrangères qu'ils feraient verser aux hôtels des monnaies.

Malgré ces expédients, la disette du numéraire devint telle en 1759 que le roi fit porter sa vaisselle à la Monnaie ; son exemple fut suivi par un grand nombre de particuliers, et le roi, voulant rendre aux propriétaires des vaisselles les droits de contrôle qu'ils avaient acquittés lorsqu'ils en avaient fait l'acquisition, ordonna, par un édit du 26 octobre 1759, de les payer sur le pied de 861 livres 7 sols le marc d'or fin et de 59 livres 5 sols 10 deniers le marc d'argent fin. La totalité des versements reçus par les hôtels des monnaies dans ces conditions s'éleva à 24 millions, dont le quart fut payé comptant. Les trois autres quarts, soit 18 millions[1], restèrent à la disposition du Trésor royal. Les directeurs délivrèrent aux porteurs des vaisselles des reconnaissances remboursables après la paix et productives jusque-là d'un intérêt de 5 0/0.

Le tarifage des matières d'or et d'argent ne subit aucun changement jusqu'en 1771. A cette époque, une revision du tarif général de 1726 fut reconnue nécessaire à cause des nombreuses modifications qui avaient été apportées aux titres des espèces étrangères depuis sa rédaction. Le nouveau tarif, approuvé par un arrêt du Conseil du 15 septembre 1771, fixa le prix des matières d'or au titre des louis à 709 livres et celui des matières d'argent au titre des écus à 48 livres 9 sols.

L'adoption de ce nouveau tarif semblait devoir

---

1. Le prêt de ces 18 millions coûta à l'État, indépendamment de l'intérêt, la somme de 2.010.000 livres, représentant la différence entre le prix qui avait été payé aux porteurs des vaisselles et la valeur des espèces qu'elles avaient servi à fabriquer.

exclure, au moins pour quelque temps, l'emploi de toute mesure exceptionnelle. Pourtant une décision du 12 avril 1772 accorda à des banquiers une commission de 9 livres par marc d'or et de 10 sols par marc d'argent sur tous leurs versements. Ce surachat, qui dura trois années, rapporta aux concessionnaires 927.967 livres.

A son avènement au ministère, Turgot fit supprimer les surachats particuliers et les remplaça par un surachat général de 4 livres 7 sols par marc d'or fin et de 6 sols par marc d'argent fin. Ce surachat général, appliqué à partir du 1er mai 1775, fut supprimé en février 1778 sur la proposition de Necker, et cette suppression coïncida avec une baisse sensible dans le cours commercial des métaux précieux ; mais ce cours s'étant relevé, de nouveaux surachats particuliers furent consentis en 1784 et ces surachats se continuaient lorsqu'intervint la déclaration du 30 octobre 1785.

Tous les édits, arrêts, etc., dont nous avons eu à parler jusqu'ici ont trait uniquement aux espèces d'or et d'argent. Cependant, de 1726 à 1785, le gouvernement s'était occupé aussi des monnaies inférieures et, dans la série des actes que nous avons consultés, il y en a plusieurs qui se rapportent, soit aux monnaies de billon, soit aux monnaies de cuivre. Nous devons, pour être complet, parler de ces derniers actes, qui ont d'ailleurs leur intérêt.

Au commencement du règne de Louis XV les monnaies de billon en circulation comprenaient :

Les sols ou douzains, dont la fabrication avait été prescrite par une déclaration du 19 novembre 1657 et par un édit du mois d'octobre 1692, au titre de 2 deniers 12 grains[1] d'argent, au remède de 3 grains et à la taille de 132 pièces au marc, au remède de 4 pièces ;

Les pièces dites de 30 deniers, au titre de 2 deniers 12 grains, au remède de 4 grains et à la taille de 100 pièces au marc, au remède de 4 pièces (édit de septembre 1709) ;

Les pièces de 15 deniers ou de 6 liards aux mêmes poids, titre et remèdes à proportion des pièces de 30 deniers (édit de mai 1711 et arrêt du 29 novembre 1712).

Les espèces de cuivre se composaient :

Des liards ordonnés par la déclaration du dernier jour d'avril 1654, à la taille de 64 pièces au marc ;

Des pièces dites de 4 deniers, fabriquées à Strasbourg en vertu de la déclaration du 6 septembre 1695, à la taille de 54 pièces au marc, et des pièces de 2 deniers, moitié des précédentes ;

---

1. 2 deniers 12 grains = 209 millièmes.

Des pièces de 6 deniers, à la taille de 40 au marc, fabriquées dans les Monnaies d'Aix, Montpellier, la Rochelle, Bordeaux et Nantes, en exécution d'un arrêt du conseil du 20 octobre 1709.

Les monnaies de billon avaient subi des variations analogues à celles des espèces d'argent. A l'époque qui nous occupe, les sols ou douzains, émis originairement pour 12 deniers ou un sol, valaient 18 deniers; les pièces de 30 deniers n'en valaient plus que 27, et celles de 15 deniers que $13\,^1/_2$. Un arrêt du conseil, du 8 juin 1726, porta la valeur des douzains à 21 deniers et rétablit les pièces de 30 et de 15 deniers à leur valeur primitive. Le but de l'augmentation était, d'après les considérants de l'arrêt, de répondre aux besoins de la circulation, qui réclamaient une somme plus grande de monnaies de billon.

Aux termes d'un second arrêt du 28 novembre 1729, les pièces de 30 deniers n'eurent plus cours que pour 24 deniers, les demies à proportion; au contraire les sols ou douzains devaient être donnés et reçus dans les payements pour ce même prix de 24 deniers. « Le roi étant informé, dit le préambule de l'arrêt du 28 novembre 1729, que la différence de prix qu'il y a entre les espèces de billon de même volume et la difficulté de distinguer les pièces de 30 deniers de celles de 24 deniers, depuis

que le frai en a altéré les empreintes, causent journellement dans le public des discussions qui trou-
blent le commerce ; à quoi étant indispensable de
pourvoir, sans néanmoins en venir à une refonte
qui ne pourrait se faire qu'avec du temps et des
frais considérables : Ouï le rapport, etc... » Ainsi c'est
pour mettre fin aux difficultés résultant dans les
échanges de la similitude apparente des deux espèces
de monnaies, que la même valeur leur était attribuée, au moyen d'une diminution des unes et d'une
augmentation des autres.

Neuf années plus tard, une cause toute différente
provoquait un nouveau changement. Le gouvernement des Provinces-Unies venait de diminuer de
moitié la valeur des sols de ce pays. Le gouvernement de France, craignant que cette diminution
n'amenât une importation considérable des sols des
Provinces-Unies, voulut y parer en abaissant la
valeur de ses monnaies de billon. Il décida que les
douzains et les pièces de 30 deniers n'auraient plus
cours les unes et les autres que pour 18 deniers.
(Arrêt du 1er août 1738.)

Pour atténuer les effets de cette réduction, le
même arrêt limitait la quantité de billon qui pouvait
entrer dans les payements à 10 livres pour ceux de
400 livres et au-dessous et au quarantième pour
les payements dépassant 400 livres. Les défenses
et pénalités portées par les précédentes ordon-

nances contre l'exposition et l'admission des monnaies de billon étrangères étaient renouvelées.

Ces défenses, non plus que l'abaissement de valeur de nos menues monnaies, ne réussirent à empêcher l'importation et la circulation des pièces de billon étrangères. D'ailleurs, le cours sur le même pied des pièces de 30 deniers et des douzains donnait lieu à des opérations de billonnage, facilitées par la différence de valeur intrinsèque qui existait entre les deux sortes de pièces. C'est du moins ce que constate le préambule d'un édit d'octobre 1738, qui prescrit le versement aux hôtels des monnaies, au prix de 9 livres 18 sols 11 deniers le marc, de toutes les pièces de 30 deniers réunies dans les caisses de l'État depuis la publication de l'arrêt du 1ᵉʳ août précédent. Ces pièces devaient être fondues et converties en nouveaux sols au titre de 2 deniers 12 grains, au remède de 4 grains et à la taille de 112 au marc, 4 pièces de remède, et en demi-sols de même titre, à la taille de 224 au marc, au remède de 8 pièces. Les sols démonétisés ayant été taillés à raison de 100 au marc et n'ayant plus cours que pour 18 deniers, l'État gagnait à leur refonte 12 pièces au marc et la plus-value résultant de l'augmentation de la valeur à raison de 6 deniers par pièce.

En ce qui concerne les espèces de cuivre, deux édits de mai 1719 et août 1768 ont démonétisé celles qui étaient en circulation, et prescrit la fabrication :

De gros sous ou pièces de 12 deniers, à la taille de 20 au marc, au remède d'une pièce ; de demi-sous (2 liards) ou pièces de 6 deniers, à la taille de 40 au marc, au remède de deux pièces ;

De liards ou pièces de 3 deniers, à la taille de 80 au marc, au remède de 4 pièces.

Telle était la situation, lorsque la déclaration royale du 30 octobre 1785[1] est venue modifier les bases fixées par l'édit du mois de janvier 1726 pour le monnayage de l'or. Cette déclaration a prescrit la refonte de toutes les anciennes espèces d'or sans exception. Elle n'a rien innové quant à celles d'argent ; mais par le changement qu'elle apportait à la valeur de l'or, elle modifiait complètement la relation qui existait entre les deux monnaies. Cette relation, quoique avec une tendance à s'élever toujours, ne s'était guère écartée, depuis 1726, du rapport de 1 à 14 $\frac{1}{2}$; elle se trouva portée d'un coup à 15 $\frac{1}{2}$. L'article 1er de la déclaration disposait, en effet, que le marc d'or fin serait reçu dans les Monnaies et changes pour la somme de 828 livres 12 sols, représentant la valeur de 15 marcs $\frac{1}{2}$ d'argent fin, au prix de 53 livres 9 sols 2 deniers le marc qu'avait fixé le tarif de 1771.

---

1. Voir aux annexes.

Toutes les monnaies d'or ayant cours, louis, doubles louis et demi-louis, perdaient ce cours à partir du 1er janvier 1786. Jusqu'au 1er avril suivant[1], elles devaient être reçues et payées comptant dans les Monnaies et Changes, à raison de 750 livres le marc et de 25 livres le louis, qui n'avait rien perdu de son poids par l'usage. Après le 1er avril, ce prix était abaissé à 742 liv. 10 s. le marc ou 24 liv. 15 s. le louis (art. 2 de la déclaration).

Il devait être frappé de nouveaux louis au même titre et avec les mêmes tolérances que ceux de la fabrication de 1726; mais chaque marc devait en fournir 32[2] au lieu de 30, « afin qu'au moyen de l'augmentation survenue dans la valeur de l'or, chaque nouveau louis, quoique diminué de poids, continue de valoir 24 livres et ait précisément la même valeur en argent (art. 4 et 5). »

Ici s'arrête l'exposé des faits que nous nous sommes proposé d'étudier; il nous reste à en dégager les conséquences.

Nous avons eu occasion de parler de la valeur nominale ou de compte des monnaies par opposition avec leur valeur métallique et de rappeler qu'avant

1. Ce délai a été reculé indéfiniment par des lettres patentes du 18 janvier 1786.

2. Chaque louis, à raison de 32 au marc, devait peser 2 gros = 7gr648, sauf la tolérance. A la taille de 8 pièces 3/10 au marc, l'écu droit de poids devait peser 555 grains, plus une légère fraction, soit un peu moins d'une once = 29gr481.

1789 cette valeur nominale était réglée par le souverain. Cette intervention du souverain dans la fixation de la valeur nominale des espèces monnayées est conforme à la pratique de tous les peuples civilisés. Partout et à toutes les époques, c'est l'autorité souveraine qui a fait imprimer sur les espèces la marque distinctive de leur fonction et qui a donné sa dénomination à chaque pièce de métal; mais si la monnaie tient de l'autorité souveraine sa valeur nominale, elle tire de son propre fonds sa valeur intrinsèque, sa valeur réelle. Son cours à l'intérieur ou dans les relations avec l'étranger, autrement dit sa faculté d'acquisition, s'établit d'après la quantité de métal fin qu'elle contient. Par conséquent, pour que les choses soient dans l'ordre, il faut que la valeur nominale de la monnaie soit toujours l'expression exacte de sa valeur réelle. Ces principes sont reconnus et universellement appliqués aujourd'hui; mais il n'en a pas toujours été ainsi. Pendant un long espace de temps, le droit de déterminer la valeur réelle des monnaies a été considéré comme un des attributs inhérents à la souveraineté. De là le prélèvement que le roi ou le seigneur s'attribuait sur les matières d'or ou d'argent qui étaient apportées aux hôtels des monnaies; de là aussi ces altérations si fréquentes dans notre histoire et dont la refonte générale de 1726 nous offre le dernier exemple.

En effet, les déclarations qui servent de préambule[1] à l'édit de janvier 1726, comme les dispositions mêmes de cet édit, prouvent clairement que les changements apportés aux monnaies d'or et d'argent ont eu surtout pour but de procurer des ressources au Trésor royal, épuisé par les dettes qu'avaient léguées à la France les dernières années du règne de Louis XIV et par les désastres financiers qui ont marqué la minorité de Louis XV. Ce but a-t-il été atteint? Il nous a été impossible, d'après les documents que nous avons eus sous les yeux, d'établir le bénéfice que l'État a pu retirer de la refonte de 1726 ; la résistance des populations et l'obligation où le pouvoir s'est trouvé, au début même de l'opération, de hausser considérablement le change des anciennes espèces ont dû beaucoup l'amoindrir ; mais, quel qu'ait été ce bénéfice, on peut affirmer qu'il a été plus apparent que réel ; car s'il dépend de la volonté souveraine d'augmenter arbitrairement la valeur nominale des monnaies, si cette volonté peut imposer momentanément, par un acte de véritable spoliation, cette augmentation aux créanciers de l'État, elle est impuissante, quoi qu'elle fasse, à modifier la valeur réelle, la valeur d'échange de la monnaie. Cette dernière valeur dépendant toujours de la quantité de métal fin que

1. Voir aux annexes.

renferme la pièce, chaque surhaussement arbitraire, en outre du désordre qu'il jette dans les transactions publiques et privées, provoque la hausse proportionnelle de toutes les marchandises et, comme l'État est le plus grand consommateur, il perd d'un côté ce qu'il a injustement gagné de l'autre.

La réformation monétaire de 1726 ne pouvait échapper à cette loi, et ses conséquences, rendues plus sensibles par les progrès qui s'étaient accomplis dans les idées, devaient forcer le pouvoir à abdiquer ses prétentions. Aussi voyons-nous le droit de seigneuriage, considérablement réduit dès les mois de mai et de juin 1726, aller depuis toujours en décroissant et finir par ne plus guère représenter en 1785 que les frais de la fabrication.

L'abus du seigneuriage n'était pas, d'ailleurs, la seule conséquence funeste qu'eût engendrée la fausse interprétation donnée au droit régalien de battre monnaie. Pour assurer l'exercice de ce droit, il avait fallu apporter des entraves à la liberté du commerce des métaux précieux. Du moment que le souverain se croyait le pouvoir de déterminer la valeur réelle des espèces, il était forcément conduit à étendre ce pouvoir aux matières d'or et d'argent, et à réglementer de la façon la plus étroite le trafic de ces matières ; mais forcément aussi cette réglementation devait rester impuissante, et l'autorité royale devait, là encore, reculer bientôt devant la force des choses. En effet, une déclaration du 7 octobre 1755 permit de faire librement et sans restriction aucune le commerce des matières d'or et d'argent et des monnaies étrangères. L'exportation des espèces nationales continua seule à être interdite.

Le retour aux vrais principes et aux saines pratiques en matière monétaire, sensible déjà dans l'édit de juin 1726, a été définitivement consacré par la déclaration du 30 octobre 1785. Dans la réforme que cette déclaration ordonne il n'y a plus rien de fiscal ni d'arbitraire. Ses considérants et sa réglementation s'inspirent uniquement des intérêts du pays ou, comme on dirait aujourd'hui, de motifs purement économiques.

Le préambule de la déclaration assigne trois causes principales à la refonte des monnaies d'or et à la revision du tarif : l'augmentation du prix de l'or dans le commerce depuis plusieurs années, augmentation qui éloignait l'or des hôtels des monnaies ; la valeur plus grande, par rapport à l'argent, attribuée à l'or dans les pays étrangers qu'en France, ce qui empêchait l'or de nous arriver et tendait même à nous retirer celui que nous avions ; enfin le prix plus élevé que l'or avait comme métal que comme monnaie et qui provoquait à la fonte des espèces. On pourrait contester ces raisons ; on les a contestées en 1785, en montrant que la rareté de l'or en France tenait à des causes plus générales

que celles qu'indiquait la déclaration. On doit du
moins reconnaître que cet acte ne trahit aucune
préoccupation intéressée de la part du gouvernement, et cette appréciation est pleinement confirmée
par l'examen de ses prescriptions réglementaires ;
car ce n'est plus le Trésor, mais les détenteurs des
anciens louis qui sont appelés à profiter de l'augmentation de valeur attribuée à l'or. D'un autre
côté, la relation étroite qui doit exister entre la
valeur nominale des monnaies et leur valeur réelle,
est nettement acceptée dans le nouvel acte. Nous ne
croyons donc pas trop nous avancer en affirmant
que, par l'abandon presque entier qu'elle a fait du
droit de seigneuriage, par la fixité qu'elle a rendue
à la monnaie d'argent considérée comme monnaie
principale, enfin par le juste rapport qu'elle a
établi entre la valeur de cette monnaie et celle
de la monnaie d'or, la réforme de 1785 a donné à
notre régime monétaire des bases sûres et solides,
si solides et si sûres qu'après des essais infruc-
tueux pour les changer, la loi du 7 germinal an XI
a fini par les consacrer.

Nous aurions désiré pouvoir faire connaître, dans
tous leurs détails, les résultats des deux refontes
de 1726 et de 1785 .Les éléments nous ont manqué
pour ce travail et nous devons nous borner à donner
en bloc le montant des fabrications d'or et d'argent
à ces deux époques.

En exécution de l'édit de 1726, il avait été monnayé :

En doubles louis de 48 livres.	324.719.952 liv.
En louis de 24 livres.	656.710.416 —
En demi-louis de 12 livres.	5.213.520 —
Total des monnaies d'or	986.643.888 liv.
En écus de 6 livres.	1.863.014.796 liv.
En demi-écus de 3 livres . .	134.510.364 —
En pièces de 24 sols	19.874.518 —
En pièces de 12 sols	27.287.640 —
En pièces de 6 sols.	3.441.813 —
Total des monnaies d'argent	2.048.129.131 liv.

La fabrication de 1785, faite avec les louis de 1726, a produit en doubles louis et en louis 751.281.504 livres. Il n'a plus été frappé de demi-louis.

CHAPITRE III

Démonétisations et refontes postérieures à la loi des 7-17 germinal an XI.

I

DÉMONÉTISATION ET REFONTE DES MONNAIES DUODÉCIMALES D'OR ET D'ARGENT

Dans les précédents chapitres, nous avons signalé les obstacles que les habitudes des populations et les circonstances avaient opposés à l'établissement définitif du système métrique des poids et mesures. La substitution des monnaies décimales aux monnaies duodécimales devait se heurter aux mêmes obstacles et en rencontrer même de plus grands, puisque c'était les monnaies elles-mêmes et non pas seulement leur mesure qu'il fallait changer. On comprend dès lors que les efforts pour l'unification des monnaies aient commencé plus tard et aient procédé avec plus de timidité que ceux qui ont été tentés pour l'unification des poids et mesures. La nécessité de dispositions transitoires pour passer d'un système à l'autre devait, là aussi, s'imposer à l'impatience des réformateurs.

La première tentative de conciliation entre les deux systèmes monétaires remonte à l'année 1810 ; deux décrets, l'un du 18 août, l'autre du 13 septembre de cette année, mirent en équilibre, d'après leur poids et leur titre respectifs, la valeur des anciennes espèces d'or et d'argent taillées en livres tournois et celles des nouvelles espèces taillées en francs. Aux termes de ces deux décrets, les anciennes espèces qui avaient conservé trace de leur empreinte devaient continuer d'être admises dans les payements, savoir : les pièces de 48 livres, pour 47ᶠ20 ; celles de 24 livres, pour 23ᶠ55 ; les écus de 6 livres, pour 5ᶠ80 ; ceux de 3 livres, pour 2ᶠ75 ; les pièces de 6 sous, pour 1/4 de franc ; celles de 12 sous, pour 1/2 franc et les pièces de 24 sous, pour 1 franc. Les détenteurs avaient néanmoins la faculté de porter les anciennes espèces au change des Monnaies où ils recevaient 3.094ᶠ43 par kilogramme d'or, titré à 901 millièmes de fin, et 198ᶠ31 par kilogramme d'argent, titré à 906 millièmes.

Dans cette tarification, la valeur intrinsèque des monnaies duodécimales avait été diminuée du montant des frais de fabrication et même de partie au moins de la perte résultant de l'usure par la circulation, puisque, pour ne parler que de l'écu de 6 livres, sa valeur intrinsèque d'émission était de 5ʳ93, tandis que le tarif le réduisait à 5ʳ80. Ici se révélait la véritable portée des décrets de 1810 ; leur but était évidemment de faire disparaître les anciennes espèces pour arriver à l'uniformité décimale, et la combinaison du tarif était singulièrement propre à produire ce résultat. Le cours de ces espèces se trouvant inférieur à leur valeur comme lingots, il s'ensuivait une provocation puissante à la fonte des anciennes monnaies, et c'est effectivement ce qui eut lieu. Parmi les anciennes monnaies, les unes étaient plus fortes de poids que les autres, soit par le vice d'une fabrication moins perfectionnée, soit par l'inégalité du frai. Alors commença sur ces monnaies une spéculation difficile, pour ne pas dire impossible, à prévenir[1]. Les changeurs les

---

1. Les anciens édits de 1711, 1718 et 1726 punissaient la fonte des monnaies des galères à perpétuité. Le code pénal n'en a point parlé ; mais dans son article dernier, il établit que tous les faits qualifiés crimes avant sa promulgation et auxquels il n'avait pas maintenu cette qualification, seraient punis correctionnellement.

Les jurisconsultes sont en désaccord sur l'interprétation à donner à ces textes ; les uns arguent du silence du Code pénal que les lois pénales contre la fonte des monnaies sont abolies ; les autres que cette opération est un délit passible de peines correc-

attirant à eux, en opérèrent le triage. Les pièces les plus lourdes furent mises à la fonte; les plus légères furent rendues à la circulation et renvoyées principalement dans les départements de l'ouest, où les espèces duodécimales avaient conservé un cours plus élevé que le cours du tarif.

En 1822, une nouvelle cause vint activer cette spéculation. Une analyse plus exacte découvrit qu'il existait dans les écus d'argent un millième d'or, dont la séparation par l'affinage procurait un profit[1] plus que suffisant pour couvrir les frais de l'opération, ceux de transport et les pertes d'intérêt. Cette découverte agit précisément dans le sens du décret de 1810, puisqu'elle donnait aux anciennes espèces une valeur réelle supérieure à leur valeur nominale. Elle provoqua un nouveau triage; les pièces les plus fortes, parmi celles qui restaient encore dans la circulation, en furent retirées, pour être soumises à l'affinage; les plus faibles y restèrent

tionnelles, par application du dernier article de ce Code; une troisième opinion va jusqu'à prétendre qu'elle reste un crime punissable des galères aux termes des lois antérieures.

Mais, si la jurisprudence varie, dans la pratique on est forcé de reconnaître qu'il est impossible, si regrettable que puisse être la fonte des monnaies, de l'empêcher et surtout de la punir. Les moyens de l'atteindre, sans entraver les opérations les plus légitimes du commerce international, font absolument défaut. Le gouvernement a tenté plusieurs fois de s'opposer à des spéculations de cette nature; toujours il a dû reculer, par la raison qu'on indique.

1. Ce profit était, en moyenne, de 17 francs par 1,000 francs.

seules ; et l'action du frai, ainsi concentré sur une moindre quantité d'espèces et sur les pièces les plus affaiblies, dut s'accroître dans une proportion considérable. Aussi des expériences faites à la Monnaie de Paris avaient-elles démontré que 200 écus de 6 livres qui, au moment de la fabrication, pesaient en moyenne 5^k 897 et qui, en 1816, pesaient encore 5^k 782, s'étaient réduits, en 1822, au poids de 5^k 768 et, en 1828, à celui de 5^k 753, réduction évidemment trop forte pour être due uniquement au frai.

En l'état des choses, le remède ne pouvait plus être que dans la refonte totale des espèces duodécimales. Tout retard apporté à cette refonte ne pouvait qu'aggraver les embarras de la circulation et devait se traduire par une augmentation des charges de l'État. Le gouvernement de la Restauration, cédant à ces considérations, présenta aux Chambres, en 1829, un projet de loi, en vertu duquel les monnaies d'or et d'argent duodécimales devaient cesser, au 1er juillet 1834, d'avoir cours forcé pour la valeur nominale qui leur avait été assignée en francs. A partir de la même date, ces monnaies ne devaient plus être reçues qu'au poids : les espèces d'argent, titrées cette fois à 907 millièmes, sur le pied de $198^f 51$ le kilogramme, et les espèces d'or, ramenées au contraire au titre de 900 millièmes, sur le pied de 3.094 francs le kilogramme.

D'après les états de fabrication, l'émission des espèces duodécimales d'or s'élevait à 738.457.152 francs, sur lesquels 134.462.486'68 étaient entrés au change pour être convertis en pièces de 40 et de 20 francs. L'excédent d'émission était donc de 603.694.665'32 ; mais indépendamment des exportations à l'étranger, provoquées par les troubles intérieurs et par les besoins de guerres lointaines, une autre cause, plus puissante, avait contribué à réduire considérablement la masse des espèces d'or en circulation. Les louis de 1786 contenaient comme alliage, par kilogramme d'or, de 60 à 70 millièmes d'argent, que l'imperfection des procédés d'affinage y avait laissés. Le retrait de cette portion d'argent ayant offert au commerce des bénéfices assez grands pour le porter à refondre les espèces duodécimales d'or, la majeure partie de ces espèces avait disparu dans le creuset des affineurs et la refonte de celles qui restaient en circulation devait continuer de s'opérer de la même manière, sans charge pour le Trésor et sans qu'il eût même à intervenir.

Quant aux espèces duodécimales d'argent, sur une émission totale de 1.966.402.111 francs, une somme de 872.590.227'63 avait été convertie en monnaie décimale au moyen des refontes partielles opérées pour le compte de l'État en vertu des décrets du 14 germinal an XI (4 avril 1803), du 6 fructidor an XI (24 août 1803), des 18 août et 13 septembre 1810. Par conséquent, l'excédent d'émission ressortait à 1.093.811.883'37; mais en tenant compte ici encore des exportations et des refontes particulières, la circulation des monnaies d'argent en espèces duodécimales ne devait pas dépasser 600 millions. L'exposé des motifs du projet de loi de 1829, partant de ce chiffre de 600 millions, évaluait la dépense de la démonétisation des espèces duodécimales d'argent à 9 millions pour les frais de fabrication des monnaies décimales et à 840.000 francs pour la perte sur le faiblage des pièces démonétisées, soit ensemble 9.840.000 francs ou 16,40 °/₀ de la somme présumée en circulation. Cette dépense devait être atténuée par la prime à réaliser sur l'affinage, auquel le gouvernement se proposait de soumettre, par voie d'adjudication publique, les anciennes espèces en vue d'en retirer le millième d'or qu'elles contenaient.

Le projet de loi et l'exposé des motifs ne soulevèrent aucune contradiction sérieuse à la Chambre des députés. Le rapporteur de la commission, M. le baron Thénard, se borna à exprimer le vœu d'une réduction des frais de fabrication, restés les mêmes depuis la loi du 7 germinal an XI; en outre, sur la proposition d'un de ses membres, la Chambre vota un amendement qui faisait cesser au 1er avril 1834 le cours forcé des monnaies duodécimales d'or et d'argent, mais accordait jusqu'au 1er juillet suivant pour les verser aux caisses publiques. Cet amendement, tout pratique, comblait une lacune du projet de loi en donnant aux détenteurs des monnaies reçues jusqu'au terme fixé pour la cessation du cours forcé le moyen de s'en débarrasser sans perte.

Ainsi amendé, le projet du gouvernement était irréprochable. Il respectait les droits acquis et ménageait tous les intérêts engagés dans la question. Les porteurs d'anciennes espèces avaient devant eux un délai de cinq ans pour les écouler dans le commerce ou les échanger aux caisses publiques; la perte du frai était laissée à la charge de l'État; enfin le cours nominal demeurait fixé conformément aux lois antérieures. Pourtant, il fut combattu dans sa disposition la plus essentielle, celle qui mettait la perte du frai à la charge de l'État, par la commission de la Chambre des pairs.

« Ce que le gouvernement garantit par le poids et la forme qu'il donne aux matières qu'on livre à ses ateliers monétaires, disait le comte Mollien, rapporteur de la commission, c'est que toute coupure de monnaie légale se compose, sans plus ni moins, de la quantité d'argent ou d'or et de la proportion d'alliage qui lui ont été assignées par la loi.

« Les matières que les hôtels des monnaies reçoivent pour les convertir en espèces monétaires sont une propriété privée, puisque c'est le possesseur et non le Trésor public qui paye les frais de fabrication. Ces matières conservent le même caractère de propriété privée, après qu'elles ont été alliagées, fractionnées et revêtues de l'effigie du roi. Elles sont abandonnées en cet état à la circulation et passent de main en main, aux risques de ceux qui les reçoivent et sans responsabilité possible de la part du gouvernement, qui se borne, en fait, à étalonner les métaux précieux, comme il étalonne les autres mesures d'étendue et de capacité.

« Sans doute, ajoutait M. le comte Mollien, cette comparaison de la monnaie avec les autres mesures ne peut être entendue dans un sens absolu. L'attribut qui distingue la monnaie entre les diverses mesures l'élève trop au-dessus de toutes les autres pour que l'assimilation soit complète ; mais une nécessité commune à toutes, c'est la conservation de l'intégrité. Toute la vertu de l'attribut de la monnaie dépend essentiellement du maintien de cette condition. Comme tout en elle est combiné de manière que sa dimension, sa forme, son poids et le prix vénal de la matière soient en parfait équilibre avec sa valeur nominale, il faut qu'elle reste intacte dans tous ses éléments pour ne pas cesser d'être un équivalent exact et ne pas devenir un instrument de déception et de fraude. Il faut donc que chaque propriétaire momentané d'espèces monétaires s'impose envers cette propriété la réserve, le devoir du plus consciencieux dépositaire, c'est-à-dire qu'il en surveille l'intégralité, sous peine de la voir perdre entre ses mains la qualité de monnaie. »

M. le comte Mollien en concluait que l'État était en droit de s'exonérer de tous frais de refonte et de laisser ces frais à la charge des détenteurs. Pourtant il n'allait pas jusqu'à demander l'application rigoureuse de ce principe ; mais il voulait au moins que l'État se garantît contre les abus possibles du faiblage. Il proposait dans ce but d'ajouter au projet du gouvernement une disposition qui excluait expressément du cours forcé les anciennes espèces altérées ou sans empreinte et qui étendait cette exclusion aux écus de 6 livres, lorsque le poids de 200 de ces écus se trouvait réduit à 5ᵏ755.

La thèse et la conclusion du comte Mollien furent combattues par M. d'Argout, dans deux discours que nous croyons devoir analyser avec quelque développement, parce qu'ils renferment l'exposé de la vraie doctrine monétaire.

« La commission est partie de ce principe que les monnaies servent de mesure à toutes les valeurs ; que, pour remplir cet office, elles doivent toujours présenter en elles-mêmes un gage équivalent, une valeur adéquate. La conservation de l'intégralité de la mesure est la condition de leur existence même ; sans cette intégralité, elles perdent la qualité de monnaie, pour prendre celle de lingot ou de marchandise. On peut répliquer que ces principes, vrais sous certains rapports, sont néanmoins trop absolus, en ce sens que, si les monnaies doivent, jusqu'à un certain point, renfermer en elles-mêmes leur propre gage, elles sont aussi un signe de confiance mis en circulation sous la garantie du souverain, garantie qui doit subsister tant que la monnaie n'a pas été altérée par des manœuvres frauduleuses, garantie indispensable, en effet, puisque la force même des choses veut qu'il y ait toujours ou presque toujours des différences entre la valeur nominale et la valeur réelle des monnaies. D'où il suit que, si les principes de la commission étaient appliqués dans toute leur rigueur, l'existence des monnaies deviendrait impossible et toutes les transactions n'auraient plus pour intermédiaires que des lingots, comme lorsque, dans l'enfance des sociétés, le commerce s'opérait par l'échange de marchandises contre lingots. A chaque transaction, il fallait peser et essayer le métal; et c'est pour remédier aux embarras sans nombre qui provenaient de cet usage que le monnayage a été inventé, c'est-à-dire que les gouvernements ont été chargés de diviser les métaux précieux en certaines fractions qui, étant revêtues du sceau de l'État, auraient un cours forcé dans le commerce et dont la valeur serait reconnaissable à l'inspection de l'empreinte;

que si, malgré l'apposition du sceau de l'État, les monnaies ne faisaient pas foi de leur valeur, si elles demeuraient assujetties à l'obligation du pesage, le monnayage aurait perdu toute son utilité et serait devenu une cause d'embarras et de dépense de plus, sans aucun avantage.

« La valeur de l'or et de l'argent devenant fixée par le monnayage et devant rester invariable, comment la valeur des espèces pourrait-elle toujours être égale à celle des lingots qui sont soumis aux chances commerciales, qui haussent ou baissent selon leur abondance ou leur rareté, selon que la demande sur le marché est plus ou moins considérable. Donc, sous le premier point de vue, le principe de la commission manque de justesse; car il est impossible, en fait, d'établir une parité constante entre un élément qui doit rester fixe et un élément essentiellement variable.

« D'autres causes encore peuvent amener une différence entre la valeur réelle des monnaies et leur valeur nominale; mais des dispositions législatives garantissent l'État et les particuliers contre les abus qui pourraient en résulter. Parmi ces causes, les principales sont l'altération possible des monnaies par le gouvernement, les impôts qui ont existé sur le monnayage, les frais de fabrication, l'altération frauduleuse par les particuliers, enfin le frai légitime qu'entraîne la circulation.

« L'altération de la valeur des monnaies par l'État a été, à certaines époques, employée comme ressource pour le Trésor; mais aujourd'hui ce moyen honteux de profit ne saurait plus être pratiqué; le progrès des connaissances générales, la loyauté des gouvernements s'y opposent. L'expérience a prouvé d'ailleurs qu'à côté d'un bénéfice passager se trouvait presque toujours une perte énorme. Lorsque le gouvernement fait banqueroute à ses créanciers en les payant avec une monnaie de bas aloi, il subit à son tour une banqueroute, parce que ses débiteurs le payent en semblables espèces; le prix de tous les objets hausse dans la proportion du décri des monnaies et les dépenses du gouvernement augmentent dans le même rapport, tandis que, à l'extérieur, le change fait justice de ces opérations frauduleuses. La loi du 7 germinal an XI a d'ailleurs fixé la valeur de l'unité monétaire de manière à empêcher toute manœuvre de ce genre, en établissant qu'à l'avenir le franc, pris pour unité, se composerait de 5 grammes d'argent à 9 dixièmes de fin.

« L'impôt sur l'émission des monnaies, connu autrefois sous le nom de droit de seigneuriage, avait été porté, dans certains temps, jusqu'à 7 pour cent de la valeur; réduit en 1771 à 1 $\frac{1}{2}$ pour cent sur l'argent, il a été entièrement aboli par la loi du 28 juillet 1791 et par celle du 7 germinal an XI.

« Les frais de fabrication sont aussi un des éléments du système monétaire. La question a été
longtemps agitée de savoir si l'État devait les
prendre à sa charge ou les faire supporter par les
porteurs de matières, en les comprenant dans la
valeur nominale des espèces. En Angleterre ils sont
à la charge de l'État; en France la législation a plusieurs fois varié sur ce point; mais on a enfin
reconnu qu'il y avait un inconvénient réel à les
laisser à la charge de l'État, en ce que, toutes les
fois que la valeur des lingots venait à hausser, la
valeur nominale des monnaies devenant inférieure
à leur valeur réelle, il y avait encouragement à les
fondre et à les convertir en lingots. Dès lors les
frais du monnayage tournaient en pure perte pour
l'État. Aussi la loi du 7 germinal an XI a-t-elle
réglé que la valeur nominale des espèces serait
toujours composée de leur valeur réelle, plus les
frais de fabrication.

« Quant aux altérations frauduleuses commises
par des particuliers, il a été constamment reconnu
qu'elles faisaient perdre à la monnaie son caractère
et que dès lors la garantie du gouvernement devait
cesser. Aussi la loi du 14 germinal an XI déclare-t-
elle que les pièces rognées ou altérées ne seront
reçues qu'au poids.

« Le frai qu'occasionne la circulation est la
dernière cause de différence entre la valeur nomi-

nale et la valeur réelle des monnaies ; il doit être supporté par l'État ; c'est ce qui depuis très long-temps ne fait aucun doute. Le frai est évidemment le fait de tous ; il entre donc nécessairement dans les charges publiques. Les dispositions législatives qui ont posé le principe sont déjà fort anciennes ; elles avaient été renouvelées par un arrêt de la Cour des monnaies de 1778 qui conservait aux monnaies leur cours forcé tant qu'elles gardaient trace de leur empreinte. »

Par toutes les raisons qui viennent d'être développées, M. d'Argout repoussait, comme contraire à la législation autant qu'aux principes et à l'équité, l'amendement qui enlevait aux espèces affaiblies le cours forcé, alors même que cet affaiblissement ne provenait pas d'altérations frauduleuses. Il montrait que cet amendement, inutile lorsqu'il rappelait les lois non abrogées sur les monnaies rognées, altérées ou dépourvues d'empreinte, était incomplet et arbi-traire dans la clause relative aux écus de 6 livres, puisqu'il ne statuait que pour ces écus, sans parler de ceux de 3 livres et des espèces inférieures. Il signalait ce qu'il y avait d'inconséquent à admettre que toute diminution de poids enlevait à la monnaie son caractère et à fixer bien au-dessous du poids d'émission celui auquel les écus de 6 livres ne se-raient plus reçus que comme lingots. Il relevait la contradiction qui existait entre l'article 1er de la loi, maintenant pendant cinq ans le cours des anciennes espèces, et l'article additionnel qui le faisait cesser de suite pour la plus grande partie d'entre elles; car c'était démonétiser les écus de 6 livres que de fixer à 5^k,755 le poids minimum que 200 de ces pièces devraient avoir pour être encore reçues à leur valeur nominale, alors que le poids moyen constaté de 200 écus de 6 livres ne ressortait qu'à 5^k,753 au moment de la présentation de la loi. Enfin M. d'Argout signalait les difficultés pratiques que l'exécution de la mesure proposée devait rencontrer et l'inquiétude qu'elle pouvait jeter parmi les détenteurs des espèces duodécimales.

L'opinion de M. d'Argout, appuyée par le ministre des finances, prévalut. La Chambre des pairs repoussa la proposition du comte Mollien et vota le projet du gouvernement avec l'amendement adopté par la Chambre des députés. Ce projet fut donc converti en une loi, qui porte la date du 14 juin 1829 et qui est ainsi conçue :

« ARTICLE UNIQUE. — Les écus de 6 livres, de 3 livres, les pièces de 24 sous, de 12 sous et de 6 sous tournois, ainsi que les pièces d'or de 48 livres, de 24 livres et de 12 livres cesseront, entre particuliers et dans le commerce, d'avoir cours le 1er avril 1834. Néanmoins, les percepteurs, receveurs particuliers et receveurs généraux les recevront au compte du gouvernement jusqu'au 1er juillet suivant. A compter de cette époque, ils ne seront plus reçus aux hôtels des monnaies que pour le poids qu'ils auront conservé, savoir : les espèces d'argent comme lingots et payées comme lingots au titre de 907 millièmes, sur le pied de 198f53 le kilogramme, et les espèces d'or au titre de 900 millièmes, sur le pied de 3.091 francs le kilogramme, conformément au tarif du 17 prairial an XI. »

Aussitôt que la loi eut été promulguée, le gouvernement s'occupa des moyens d'en assurer l'exécution. Le plus urgent était de préparer la mise en adjudication de l'affinage des espèces duodécimales, dont le retrait et la refonte ne pouvaient commencer, tant que les conditions de cette opération n'auraient pas été réglées. Cette préparation prit un temps assez long et ce fut seulement le 15 février 1830 que l'adjudication publique put avoir lieu.

Aux termes du cahier des charges, l'affinage devait être accordé au soumissionnaire qui offrirait la plus forte prime par 1.000 francs d'espèces d'argent duodécimales ayant cours. Ce soumissionnaire devait, en outre, prendre à sa charge les frais de transport, de factage et d'emballage, tant des espèces retirées que de celles à émettre en remplacement, et tous les risques de route. Il devait être fait une adjudication particulière pour chacun des 13 arrondissements monétaires entre lesquels les quatre-vingt-six départements étaient partagés; en conséquence chaque soumission ne pouvait comprendre qu'un seul arrondissement; mais la même personne était admise à soumissionner plusieurs arrondissements, en fournissant une soumission distincte pour chacun d'eux. L'adjudicataire devait prendre livraison, jusqu'à concurrence au moins de 3 millions par semestre et par arrondissement, des espèces à affiner aux caisses des comptables chargés de les centraliser. Il était tenu d'en payer la valeur nominale avant l'enlèvement. Il s'obligeait à rendre à l'Hôtel des monnaies la même quantité de fin qu'il aurait reçue, en calculant le titre des espèces duodécimales à 907 millièmes, et il se soumettait à toute augmentation qui pourrait être apportée à ce titre.

Le minimum de la prime à payer par 1.000 francs avait été fixé à 6 francs. Deux soumissions dépassèrent ce minimum, seulement pour l'arrondissement de Paris : un affineur offrit 6'35; le directeur de la Monnaie de Paris 6'50. Ce dernier fut déclaré adjudicataire. Les soumissions pour l'affinage dans les arrondissements des départements se trouvèrent toutes au-dessous du minimum. L'adjudication resta donc sans résultat pour ces derniers arrondissements; mais les douze directeurs des Monnaies des départements présentèrent au ministre des finances une soumission collective, par laquelle ils s'engageaient à effectuer l'affinage et la refonte aux clauses du cahier des charges et aux autres conditions suivantes. Les directeurs associés s'obligeaient à payer au gouvernement la prime de 6 francs par 1.000 francs en sus de la valeur des anciennes espèces, pourvu que les frais de fabrication et de déchet continuassent de leur être payés conformément au tarif arrêté par la loi du 7 germinal an XI, c'est-à-dire sur le pied de 3 francs le kilogramme. Ils s'engageaient solidairement à opérer la totalité de la refonte avant l'expiration de l'année 1834. Un contingent de 6 millions par année était assigné à chacun d'eux, avec faculté de le céder en tout ou en partie à ses collègues. Les receveurs généraux et particuliers des finances étaient tenus de livrer toutes les anciennes espèces entrées dans leurs caisses à la Monnaie de leur circonscription. Le directeur devait leur en payer préalablement la valeur nominale en espèces décimales.

Ces propositions, auxquelles le directeur de la Monnaie de Paris avait adhéré sous réserve du maintien de la prime d'affinage au chiffre de 6ᶠ50 qu'il avait consenti, furent acceptées par le ministre, qui adressa le 21 mars 1830 aux receveurs généraux des instructions leur prescrivant de tenir à la disposition des directeurs des Monnaies toutes les pièces duodécimales qu'ils avaient en caisse ou qu'ils pourraient recevoir.

Les conditions d'exécution étant ainsi réglées, les opérations purent commencer. Nous avons vu que chaque directeur s'était obligé, solidairement avec ses collègues, à refondre par année et à convertir en pièces décimales 6 millions au moins d'espèces duodécimales, soit environ 80 millions par an pour l'ensemble des treize Monnaies. Dans les années 1830 et 1831, ce contingent fut loin d'être atteint ; la refonte, pour ces deux années, ne s'éleva qu'à 66 millions, au lieu de 156 millions. En 1832 et 1833, la proportion annuelle ne fut dépassée que de 10 millions ; et on arriva ainsi au premier trimestre de 1834 avec un arriéré considérable et qui eût été bien plus fort, si le commerce n'avait dans l'intervalle converti en lingots près de 245 millions d'argent provenant en grande partie d'anciennes espèces.

Indépendamment du trouble que les événements de 1830 avaient apporté dans la marche générale des affaires, deux causes avaient surtout contribué à produire cet arriéré : le trop grand nombre des hôtels admis à concourir à la refonte ; les relations directes établies pour l'échange entre les directeurs et les comptables du Trésor. Sans doute, puisqu'il existait treize Monnaies au moment du vote de la loi, il pouvait être difficile de ne pas les admettre toutes à prendre part au travail de la refonte. En prononçant des exclusions, on risquait de léser des intérêts respectables et on était sûr de mettre contre soi les susceptibilités locales, si puissantes à cette époque. On pouvait croire aussi que les frais de transport seraient moindres, si on multipliait les centres de refonte. Enfin la solidarité établie entre tous les directeurs avait pu paraître une garantie suffisante contre le danger de cette multiplicité. Mais, à ne considérer que l'intérêt général, la démonétisation eût gagné à être concentrée, sinon dans le seul atelier de Paris, au moins dans les cinq ou six Monnaies qui étaient suffisamment outillées pour y prendre part. Cela est si vrai que cette concentration s'est opérée par la force des choses, mais après que beaucoup de temps eut été perdu à constater l'impossibilité où plusieurs Monnaies se trouvaient de remplir leurs engagements ; car les directeurs de ces Monnaies devaient, on le comprend, retarder le plus possible l'aveu de leur impuissance, et il était difficile que le gouvernement n'usât pas de ménagements à leur égard et ne reculât pas, au delà de ce qu'il aurait fallu, l'application de la clause de solidarité. Quant à l'économie des frais de transport, il est vraisemblable qu'en cas de concentration immédiate on eût obtenu des directeurs admis à en profiter qu'ils prissent ces frais à leur charge, comme l'ont fait les

directeurs de Paris, de Rouen et de Lille pour les
refontes qu'ils ont été appelés à opérer aux lieu et
place de leurs collègues.

Le mode adopté pour l'échange prête davantage
encore à la critique, parce que le gouvernement
avait, sous ce rapport, sa complète liberté d'action
et que ce mode a nui, plus que la multiplicité des
ateliers, à la rapidité de la refonte. En effet, en
obligeant les directeurs à prendre livraison des
espèces à affiner aux caisses mêmes des comptables
du Trésor, en disant aux premiers : Vous deman-
derez ces espèces quand vous en aurez besoin ; aux
seconds : Vous les livrerez quand les directeurs vous
les demanderont, l'administration se mettait à la
merci des uns et des autres. Il devait arriver, tantôt
que les receveurs ne seraient pas en mesure de
satisfaire aux demandes des directeurs, tantôt que
les directeurs ne pourraient pas prendre livraison
des espèces centralisées par les receveurs. De là
devaient naître des malentendus, des tiraillements,
des conflits et, comme conséquence, des retards
prolongés dans la marche de la refonte, surtout au
début de l'opération ; et ainsi s'expliquent les résultats si faibles obtenus pendant les années 1830
et 1831. Ils eussent pu être tout autres, si l'administration s'était chargée de faire remettre aux
ateliers monétaires les pièces à affiner ; car elle eût
conservé ainsi le droit de régler à sa convenance et

le pouvoir de surveiller efficacement les progrès de
la démonétisation.

Quoi qu'il en soit, le gouvernement se décida à
prolonger le cours légal des monnaies duodécimales.
La loi du 31 mars 1834 prorogea le délai fixé par
la loi du 14 juin 1829 jusqu'au 1er octobre suivant
pour les particuliers et jusqu'au 1er janvier 1835
pour les caisses publiques ou les changes des Monnaies.

Ce délai avait paru suffisant. Dans presque tous
les départements l'ancien type monétaire n'appa-
raissait plus dans la circulation qu'en très petite
quantité ; même dans les régions de l'ouest, les
transactions se soldaient déjà en partie, au moins
dans les villes, en pièces décimales. La défense
faite, le lendemain même de la promulgation de la
nouvelle loi, à tous les agents chargés du manie-
ment des deniers publics de remettre en circulation
les anciennes pièces avait semblé un moyen sûr
d'absorber la masse des espèces duodécimales qui
pouvait rester encore dans les départements les
moins avancés. On avait compté sans les résistances que l'échange des espèces duodécimales
devait rencontrer dans l'ouest, principalement dans
les campagnes, de la part de populations qui avaient
conservé l'habitude de thésauriser et accueillaient
avec méfiance tous les actes émanant des pouvoirs
issus de la révolution de 1830.

Le gouvernement ne tarda pas à être détrompé de son erreur et à reconnaître que les moyens d'absorption sur lesquels il avait compté étaient absolument insuffisants. L'agitation entretenue dans l'ouest par la démonétisation des espèces duodécimales s'accentua après le vote de la loi du 30 mars 1834; elle grandit à mesure que se rapprochait le terme fixé pour la cessation du cours forcé. Dans un pays où les partis s'agitaient encore, des collisions étaient à craindre et pouvaient mettre en péril la paix publique. Mis au courant de cette situation inquiétante par les autorités locales et par la presse, le ministre des finances n'hésita pas à modifier les conditions qu'il s'était imposées, lorsqu'il avait traité avec les directeurs des Monnaies. La grande difficulté était de faire arriver dans les départements intéressés des pièces décimales en quantité assez grande pour pourvoir, dans le court espace de temps qui restait à courir jusqu'à l'expiration du délai fixé par la loi de 1834, à l'échange des masses de monnaies duodécimales qui s'y étaient accumulées et pour assurer en même temps les autres services publics. Les ateliers de Nantes et de La Rochelle, chargés d'alimenter ces départements, ne pouvaient suffire à leur tâche. L'administration eut recours aux directeurs de Paris, de Rouen et de Lille, qui avaient toujours rempli avec facilité leurs engagements; mais le temps qu'exigeaient l'affinage et la fabrication mettait ces trois directeurs dans l'impossibilité de satisfaire, avec les seuls produits de cette fabrication, aux besoins urgents qui se révélaient dans l'ouest. D'un autre côté, leur fortune et leur crédit ne pouvaient suffire aux avances que ces besoins rendaient nécessaires.

Pour mettre les directeurs de Paris, de Rouen et de Lille à même d'activer leur monnayage, le gouvernement leur fit, sur garantie, un prêt sans intérêt de 5.500.000 francs. En outre la Banque de France consentit à recevoir en dépôt, moyennant une commission de 1/8 pour cent, pour 30 millions de pièces à affiner et livra en échange au Trésor des pièces décimales, qui furent expédiées dans l'Ouest par des fourgons en poste. On employa la même voie pour le transport des nouvelles espèces fabriquées à Paris, à Rouen et à Lille.

Grâce à ces mesures, toutes les difficultés furent surmontées et la démonétisation des espèces duodécimales, un moment compromise, put se poursuivre sans nouvel incident. A l'approche du terme fixé pour l'admission dans les caisses publiques, le gouvernement n'eut plus qu'à régler l'emploi des derniers versements reçus par ces caisses. Ce fut l'objet d'un arrêté ministériel du 8 novembre 1834, qui prescrivit aux percepteurs des contributions directes, aux receveurs et préposés des administrations financières de verser, le 8 décembre au plus tard, au receveur des finances de leur arrondissement l'intégralité des espèces qu'ils auraient en caisse à l'époque du 30 novembre. Les receveurs particuliers devaient transmettre immédiatement au receveur général de leur département le montant total de ces versements. Les receveurs généraux étaient tenus d'expédier le 12 décembre à l'atelier chargé de les refondre toutes les monnaies duodécimales centralisées à leurs caisses. La démonétisation put ainsi être achevée au 1er janvier 1835, et il ne nous reste plus qu'à en exposer les résultats financiers.

Les pièces d'argent retirées de la circulation en vertu de la loi du 14 juin 1829 se sont élevées en totalité, savoir :

Pièces de 6 livres.	381.349.483ʳ80
Pièces de 3 livres.	26.762.725 »
Pièces de 24 sous.	1.326.712 »
Pièces de 12 sous.	1.298.205 50
Pièces de 6 sous.	81.499 75
Total[1] du retrait . . .	410.818.626ʳ05

Sur le pied de 199ʳ44 le kilogramme, auquel les monnaies duodécimales retirées ont été livrées aux

---

1. Ce total ne comprend pas une somme de 26,387,733ʳ45 refondue en 1829 avant l'adjudication de l'affinage.

directeurs chargés de les convertir en espèces décimales, ces. 410.848.626ʳ05
n'ont produit qu'une somme de. 404.895.641 37

Par conséquent la perte, qui comprend les frais de fabrication des espèces décimales, ressort à. 5.922.984ʳ68

A cette première dépense il faut ajouter :

Les frais divers de l'opération, . . comptage des espèces, supplément aux droits de fabrication accordé aux directeurs des Monnaies, etc.[1]. 113.333 86

Les frais exceptionnels de transport par fourgons dans les départements de l'ouest 56.700 48

La commission payée à la Banque de France pour ses avances sur dépôt de monnaies duodécimales. 38.024 43

A reporter. . . . 6.131.043ʳ47

---

1. Cette dernière dépense est le résultat des décisions prises par le ministre des finances, en 1823 et 1827, en faveur des directeurs les plus éloignés de la capitale, pour compenser la perte d'intérêts qu'ils éprouvaient par le retard apporté dans la réception des jugements de titre. Le supplément d'allocation était, par kilogramme de monnaies duodécimales, de 25 centimes à Perpignan, de 15 centimes à Bayonne et à Toulouse, de 10 centimes à Marseille et à la Rochelle, et de 7 centimes à Bordeaux.

Report 6.131.043ᶠ47

Enfin, le montant d'un vol à main armée, laissé à la charge de l'État[1] . . . .   120.000   »

Ce qui porte le total des dépenses à. 6.251.043ᶠ47

Mais il faut en déduire la prime réalisée sur l'affinage, qui s'est élevée à. 2.514.636ᶠ39

Et la dépense définitive à la charge de l'État se trouve ramenée ainsi à. 3.736.407ᶠ08
soit 9 pour cent de la somme totale démonétisée, au lieu de 16,40 pour cent qui avaient été prévus lors de la présentation de la loi.

La différence du résultat est due d'abord à la prime d'affinage, dont il n'avait pas été tenu compte dans la fixation du rapport de 16,40 pour cent, ensuite au changement que le titrage des pièces duodécimales d'argent a subi presque au début de l'opération de la refonte. Ce titre, fixé d'abord à 906, avait été porté plus tard à 907 mil-

---

1. Dans la nuit du 5 au 6 novembre 1834, un fourgon, chargé de 500,000 francs à destination de Brest, fut attaqué par une bande de brigands qui vola 120,000 francs.

La clause, qui laissait à la charge des directeurs les risques de route, fut considérée comme n'étant pas applicable à raison des conditions tout exceptionnelles dans lesquelles s'était fait le transport et ce fut, par conséquent, l'État qui dut supporter la perte.

lièmes. Les directeurs des Monnaies s'étaient engagés à prendre les anciennes espèces à ce dernier titre, en acceptant par avance les modifications qui pourraient y être apportées, au cas où le mode d'essai viendrait à être changé. Or, cette dernière éventualité s'était réalisée. L'essai des alliages d'argent, auquel avait été appliqué jusqu'alors le procédé de la coupellation, dut se faire par la voie humide, en exécution d'une ordonnance royale du 6 juin 1830. Par suite, le titre des pièces duodécimales fut élevé de 907 à 911 millièmes et, à partir de ce moment, les directeurs des Monnaies remplacèrent à l'État chaque kilogramme d'anciennes espèces par 199ᶠ41 en pièces nouvelles, au lieu de 198ᶠ55 qu'avait réglés le tarif précédent.

C'est grâce à cette augmentation de 4 millièmes d'argent par kilogramme et surtout à la prime de plus de 2 millions et demi réalisée sur l'affinage que les frais de la refonte se sont trouvés définitivement réduits à 3.736.407ᶠ08.

II

DÉMONÉTISATION DES PIÈCES DE 6 LIARDS, DES PIÈCES DE
10 CENTIMES A LA LETTRE N ET DES PIÈCES DE 15 SOUS
ET DE 30 SOUS.

La démonétisation des espèces duodécimales d'or
et d'argent avait introduit dans notre circulation
métallique une amélioration très réelle et qui avait
été fort appréciée. Cependant il restait encore beaucoup à faire pour atteindre le but marqué par la loi
du 4 juillet 1837, dont l'article 3 interdisait, à partir
du 1er janvier 1840, l'usage d'autres poids et d'autres mesures que ceux du système décimal.

Une loi du 10 août 1839 avait, il est vrai, ajourné
l'application de cette règle générale aux monnaies
en circulation, jusqu'à ce qu'une loi spéciale eût
statué à leur égard ; mais trop d'intérêts réclamaient le prompt achèvement de la réforme com-

mencée en 1829 pour que la présentation de cette loi spéciale pût être longtemps différée. Une commission, composée de membres des deux Chambres, de la Cour des comptes, de l'Académie des sciences et de l'Administration, avait été chargée en 1838 de la préparer. Après de longues et minutieuses études, cette commission présenta au ministre des finances, dans un rapport du 5 février 1840, les résultats de ses travaux. Le gouvernement soumit à la Chambre des députés, dans la session de 1842, un projet de loi qui comprenait, conformément aux propositions de la commission administrative de 1838 :

1° La démonétisation des monnaies de billon, c'est-à-dire des pièces de 6 liards, des pièces de 10 centimes à la lettre N et des pièces de 15 sous et de 30 sous ;

2° La démonétisation des monnaies de cuivre ;

3° Enfin la centralisation de toutes les fabrications à Paris.

Ce projet, qui n'avait pu être discuté en 1842, fut présenté de nouveau à la Chambre des députés en 1843, avec quelques modifications de détail. Après un très long débat, ses différents articles avaient été successivement adoptés ; mais, au vote sur l'ensemble, le projet lui-même fut rejeté. Le gouvernement reprit la question en 1845 et, éclairé par son échec de 1843 sur le danger qu'il y avait à s'attaquer à trop d'intérêts à la fois, il se borna à proposer la démonétisation du billon.

La création de la monnaie à bas titre est fondée sur un principe juste et rationnel; elle a pour but de conserver à l'instrument des échanges, jusque dans ses subdivisions inférieures, une valeur intrinsèque égale à sa valeur nominale, tout en le maintenant dans les conditions les plus commodes de module et de poids. Pour résoudre ce problème entre l'argent qui a trop de valeur et le cuivre qui n'en a pas assez, on a eu recours à l'alliage des deux métaux. C'est ainsi que furent fabriquées, en vertu des édits de 1709 et de 1738, les pièces de 13, 24 et 30 deniers. Mais si le principe est juste et rationnel, son application présente un inconvénient radical, qui doit faire repousser les alliages d'argent à bas titre de tout système monétaire bien ordonné : c'est la facilité de donner à un morceau de métal sans valeur les apparences de couleur qui sont le seul caractère auquel le public puisse distinguer le billon de bon aloi. La fraude est d'autant plus facile qu'il s'agit d'une valeur minime et dont chacun est moins intéressé à se méfier; aussi, dans tous les temps et dans tous les pays, les monnaies de billon ont-elles provoqué de nombreuses contrefaçons.

Ce danger de la monnaie de billon avait été signalé par les meilleurs esprits de l'Assemblée constituante. « Vous avez, disait Mirabeau, dans son mémoire sur la constitution monétaire, un second signe, le billon. C'est la monnaie la plus impolitique, en ce sens qu'elle cause une grande déperdition d'argent et qu'un faux monnayeur, avec une pièce de 20 sous, contrefera ce que vous mettrez dans le commerce pour 12 livres. Or c'est un bénéfice de mille pour cent. Cette vérité vous sera prouvée dans un discours que j'ai préparé à propos de cette inconcevable proposition de fabriquer 24 millions de billon. » Peu de temps après, le savant auteur des *Considérations générales sur les monnaies*, Mongez, prononçait ces paroles à l'Institut national : « Je passe au cuivre allié d'argent ou au billon; c'est sur cet objet d'économie politique que les gouvernements ont toujours été dupes des mots et des charlatans. »

Les avertissements de Mirabeau, de Mongez et d'autres n'empêchèrent pas la création des pièces de 15 et de 30 sous. D'après la loi du 19 janvier 1791, ces pièces devaient être fabriquées au même titre que les écus de 6 et de 3 livres et contenir, par conséquent, dans un poids proportionnel, la moitié et le quart de l'argent fin renfermé dans l'écu de 3 livres. La crainte de voir confondre dans la circulation ces nouvelles monnaies avec les pièces de 12 et de 24 sous fit décider, par une autre loi du 28 juillet 1791, qu'elles seraient alliées au titre de deux tiers d'argent fin contre un tiers de cuivre, ce qui augmentait leur poids et leur module, sans changer leur valeur intrinsèque. Néanmoins le public, frappé surtout de l'affaiblissement du titre dont il jugeait par l'aspect rougeâtre des nouvelles pièces, ne les accepta qu'avec défiance et, dès leur émission, elles eurent une circulation difficile.

Les pièces de 10 centimes à la lettre N ont été frappées en vertu d'un décret du 15 septembre 1807. L'exposé des motifs s'applique à justifier cette nouvelle création de billon, qui pouvait sembler bien inopportune après l'insuccès de la précédente émission. Voici dans quels termes il le fait : « Des pièces de 10 centimes seront fabriquées pour tenir le milieu entre la monnaie d'argent et celle de cuivre, et cette fabrication ne laisse à redouter aucun des inconvénients si souvent reprochés à la monnaie de billon; d'abord le titre de cette monnaie et son alliage sont combinés de manière qu'elle ait une valeur intrinsèque de 95 pour cent; en second lieu, il sera apporté à sa fabrication autant de perfection que dans celle des monnaies d'argent, de sorte qu'il ne restera aux contrefacteurs aucun espoir d'en abuser. »

On sait combien a été vaine cette espérance d'empêcher la contrefaçon des pièces de 10 centimes à la lettre N par la perfection des empreintes. Aucune monnaie n'a donné lieu à plus de fraude. Dès 1808, on fut contraint d'arrêter le monnayage de ces pièces et de soumettre à des restrictions la circulation de celles déjà émises. Un décret du 21 février disposa qu'elles ne pourraient plus être données et reçues forcément qu'à découvert et seulement pour les appoints de 1 franc et au-dessous. Un autre décret du 18 août 1810 généralisa la mesure, en décidant que la monnaie de billon ne pourrait, comme celle de cuivre, être employée dans les payements, si ce n'est de gré à gré, que pour l'appoint de la pièce de 5 francs [1].

Les restrictions apportées à la circulation du billon prouvent le discrédit dans lequel il était tombé. Ce discrédit n'avait fait que s'accroître avec le temps ; il était devenu si grand en 1845 que les pièces de 6 liards et de 10 centimes avaient cessé d'avoir cours dans un grand nombre de départements. Là même où elles circulaient encore, ces pièces ne remplissaient plus leur fonction de monnaies d'appoint, par suite de l'usage qui s'était

1. Après l'insuccès des pièces de 10 centimes à la lettre N, Napoléon, toujours préoccupé de donner à la petite monnaie sa valeur, avait cherché un autre moyen de réaliser son idée. Il songea à une pièce composée d'un petit disque d'argent et d'un cercle de cuivre. *Guyton de Morveau* fut chargé de ce travail. Peu de temps après, ce chimiste, alors administrateur des Monnaies, présenta au chef de l'État une pièce préparée dans les conditions qui lui avaient été indiquées. L'empereur l'examina avec soin et parut satisfait du résultat ; mais tout en causant avec l'auteur, il frappa, avec la pointe de son canif, de légers coups réitérés sur le disque d'argent placé au centre de la pièce ; ce disque finit par céder ; il tomba sur la table impériale, et la cause de la valeur intrinsèque de la petite monnaie fut définitivement perdue.

établi d'en former des rouleaux, qu'on se transmettait habituellement sans vérification. Les pièces de 15 sous et de 30 sous, dont le poids et l'empreinte s'étaient promptement altérés à cause de leur mauvaise fabrication, avaient une circulation un peu plus étendue, mais toujours fort restreinte ; aussi leur retrait n'était-il pas réclamé avec moins d'insistance que celui des pièces de 6 liards et de 10 centimes, lorsque la loi du 10 juillet 1845 vint démonétiser les unes et les autres.

D'après l'article 2 de cette loi, les pièces de 6 liards, celles de 10 centimes à la lettre N et les pièces de 15 sous et de 30 sous devaient cesser d'avoir cours légal et d'être admises dans les caisses de l'État : celles de 6 liards et de 10 centimes le 31 décembre 1845, et celles de 15 sous et de 30 sous le 31 août 1846. La somme totale de ces différentes monnaies mises en circulation s'élevait à 44.565.000 francs savoir :

Pièces de 6 liards, environ. . .   16.000.000 fr.
Pièces de 10 centimes à la lettre N   3.287.000 »
Pièces de 15 et de 30 sous . . .   25.278.000 »

Mais on supposait que cette somme avait dû être sensiblement réduite par les refontes partielles, car on n'évaluait qu'à 7 millions la masse des liards et à 20 millions celle des pièces de 15 et de 30 sous

qui restaient encore dans la circulation. L'article 3
de la loi affectait au retrait et à la démonétisation
un crédit de 5.250.000 francs, réparti ainsi qu'il
suit entre chaque espèce de pièces :

Pièces de 6 liards . . . .   2.100.000 fr.
Pièces de 10 centimes à la lettre N.   650.000 »
Pièces de 15 et de 30 sous. . . .   2.500.000 »

La loi du 10 juillet 1845 s'était bornée à poser les
bases de la nouvelle démonétisation ; il fallait en
régler l'exécution. Un arrêté ministériel du 14 du
même mois enjoignit aux comptables d'accepter les
monnaies de billon en payement des contributions
et revenus publics, non plus comme appoint, mais
sans limitation aucune, et de les comprendre dans
leurs versements au Trésor. Ces monnaies devaient
être centralisées : les pièces de 15 sous et de
30 sous à la Banque de France ; celles de 6 liards
et de 10 centimes à la Monnaie de Paris.

Un second arrêté du 14 août établit dans les
hôtels de Paris, de Rouen et de Lille des bureaux
d'échange, où les particuliers furent admis à présenter les pièces de 6 liards et de 10 centimes, pour
en recevoir le remboursement en monnaie courante,
après vérification. Le caissier central du Trésor à
Paris, les receveurs généraux à Rouen et à Lille
devaient fournir aux directeurs des Monnaies les

fonds nécessaires pour ces échanges. Les opérations des bureaux de Lille et de Rouen avaient lieu pour le compte du directeur de la Monnaie de Paris, à qui ces bureaux devaient expédier chaque jour les pièces échangées par leur entremise. Ce directeur, recevant d'autre part celles que les comptables encaissaient, se trouvait ainsi centraliser tout le billon inférieur.

Nous avons vu que la valeur des écus de 6 et de 3 livres avait été réduite à 5'80 et à 2'75 par le décret du 12 septembre 1810. L'acte qui a démonétisé ces écus n'avait pas aggravé la réduction ; mais il l'avait maintenue. Au contraire la loi du 10 juillet 1845, plus libérale et on peut dire plus équitable, n'a rien fait perdre de leur valeur aux pièces de 6 liards et de 10 centimes, non plus qu'à celles de 15 et de 30 sous. S'inspirant du même esprit, le ministre des finances, par une circulaire du 16 juillet, prescrivit à tous les comptables de ne refuser que les pièces évidemment fausses ou altérées et d'admettre même celles dont l'empreinte était effacée. On écartait ainsi le seul obstacle sérieux que pût rencontrer la nouvelle démonétisation. C'était à la condition toutefois que la Monnaie de Paris apportât la même tolérance dans la vérification des pièces qu'elle était chargée de centraliser ; car les comptables n'auraient pu continuer à se montrer conciliants dans l'acceptation des monnaies présentées à leurs caisses par les particuliers, s'ils avaient été exposés à se les voir refuser après qu'ils les auraient admises. Afin de parer à cette seconde difficulté, il fut créé à Paris une commission spéciale pour la réception et la vérification des pièces ; cette même commission devait contrôler et liquider les dépenses de la démonétisation. Enfin la vérification des pièces ayant amené des contestations dans quelques départements, les receveurs des finances furent autorisés à recevoir des particuliers et à transmettre au bureau d'échange de Paris les dépôts de billon qui monteraient à 50 francs au moins. Ces dépôts devaient être vérifiés, aussitôt leur réception, par la commission spéciale dont il vient d'être parlé. Le procès-verbal de la vérification devait être communiqué aux déposants par l'intermédiaire des receveurs qui avaient à leur tenir compte :

1° De la valeur nominale des pièces françaises de bon aloi admises par le bureau d'échange ;

2° De la valeur des pièces étrangères, au poids et au prix du tarif arrêté par la Commission des Monnaies le 28 août 1845 et approuvé le même jour par le Ministre des finances, savoir :

35ᶠ20 le kilogramme pour les pièces de 6 liards et 42ᶠ90 le kilogramme pour celles de 10 centimes à la lettre N ;

3° De la valeur au poids des pièces reconnues fausses (1ᶠ60 le kil., prix fixé par la Monnaie de Paris).

Telles sont les principales dispositions d'après les

quelles a été effectué le retrait des monnaies de billon. Cette première opération achevée, l'administration des finances dut s'occuper de faire déterminer avec toute l'exactitude possible le titre et la valeur intrinsèque des différentes espèces de billon, afin de procéder sur cette base à la vente des matières provenant de la démonétisation. A la suite de nombreuses expériences faites par le laboratoire de la commission des Monnaies, la valeur de chaque catégorie de billon fut fixée comme suit par kilogramme :

BILLON INFÉRIEUR

Pièces de 6 liards françaises à $\frac{205}{1000}$ d'argent fin 46ʳ95

Pièces de 10 centimes à la lettre N françaises à $\frac{190}{1000}$ d'argent 43 53

Pièces de 6 liards étrangères à $\frac{164}{1000}$ d'argent fin. 37 76

Pièces de 10 centimes à la lettre N étrangères à $\frac{195}{1000}$ d'argent 44 29

Pièces françaises fausses à $\frac{73}{1000}$ 18 03

BILLON SUPÉRIEUR

Pièces de 15 sous

Argent fin 666,200.000 à 220 francs le kil. 146ʳ056

A reporter 666,200.000   146ʳ560

Report.	666,200.000			146ᶠ560
Or fin .	1,028.125 à	3.437ᶠ77 le kil.		3 530
Cuivre	332,771.875 à	2ᶠ22 —		» 737
	1.000,000.000			150ᶠ827

et, en déduisant 0ᶠ09.637 de crasse par kilogramme, 150ᶠ73.

Pièces de 30 sous.

Arg. fin	664,977.000 à	220ᶠ » le kil.	146ᶠ29
Or fin .	0,809.375 à	3.437ᶠ77 —	2ᶠ78
Cuivre.	334,213.625 à	2ᶠ22 —	74
	1.000,000.000		149ᶠ81

ou, déduction faite de 0ᶠ05 de crasse par kilogramme, 149ᶠ76.

Il restait à disposer du métal des pièces retirées
de la circulation. On avait d'abord pensé à mettre
celles de 6 liards et de 10 centimes en adjudication ;
on supposait que ces pièces pouvaient être affinées ;
mais la commission des monnaies avait reconnu
que la valeur de l'or qui pourrait en être retiré ne
compenserait pas les frais d'affinage.

Elle exprima, en conséquence, l'avis qu'il fallait
moins songer à vendre cette matière pour être af-
finée que pour servir d'alliage. Un fait venait à
l'appui de cette opinion : le directeur de la Monnaie
de Paris, M. Diérickx, à qui une certaine quantité
de pièces de 6 liards et de 10 centimes avait été déjà

cédée à la condition qu'il les payerait d'après le prix de vente qui serait ultérieurement fixé, ne les avait pas affinées ; il avait préféré les employer comme alliage à la fabrication des monnaies d'argent. M. Diérickx ayant offert d'acquérir tout le stock restant des pièces de 6 liards et de 10 centimes, le ministre des finances accepta la soumission qu'il lui avait présentée et par laquelle il s'engageait :

1° A acquérir le billon démonétisé aux prix indiqués plus haut ;

2° A en prendre livraison par 6.000 kil. à la fin de chaque mois, du 30 novembre 1846 au 31 décembre 1847 au plus tard ;

3° A verser au Trésor la totalité du prix en quatre payements ; les trois premiers, d'un million de francs chacun, les 30 juin, 30 septembre 1847 et 31 mars 1848, et le dernier pour solde le 30 juin 1848 ;

4° A déposer au Trésor comme garantie, au fur et à mesure des livraisons, des inscriptions de rentes françaises 3 et 5 pour cent pour une somme égale à la valeur du billon qui lui serait remis ;

5° A fabriquer en pièces divisionnaires, en sus de son contingent ordinaire et sans prime sur l'argent fin, mais moyennant l'indemnité fixée par le décret du 16 messidor au XI, les sommes dont l'émission serait jugée nécessaire jusqu'à concurrence de la valeur du billon qu'il aurait reçu.

Toutes les conditions de cette soumission ont reçu leur pleine et entière exécution.

Ainsi qu'on l'a dit plus haut, les pièces de 15 sous et de 30 sous avaient été déposées à la Banque de France, à mesure que le retrait s'en était opéré. Elles y étaient encore au mois de novembre 1846, au moment où la crise des subsistances fit sortir de France de fortes quantités de numéraire. Cette circonstance détermina le gouvernement à ne pas laisser plus longtemps sans emploi la valeur de 18 millions environ que représentaient les pièces en dépôt à la Banque, et à accepter l'offre que lui fit cet établissement de les prendre aux conditions suivantes.

La Banque se chargeait de faire affiner immédiatement, pour le compte et aux frais du Trésor, les espèces démonétisées. L'or et le cuivre provenant de l'affinage devaient être remis au Trésor. La Banque conservait les lingots d'argent fin, en payant 220 francs les 1000/1000, plus 3 pour cent de prime par mille francs. Le triage, le comptage et le pesage des pièces devaient être faits par les employés du Trésor. Elles devaient être livrées à l'affineur sur le pied de 1.200 kil. au moins par jour. Le prix de l'affinage était fixé à 1'75 par kil. de matières brutes. L'affineur devait rendre, en se conformant aux essais de la Monnaie : 1° l'argent fin contenu dans les pièces, moins les fractions de millièmes ; 2° tout l'or, y compris les dixièmes de millième ; 3° tout le cuivre, c'est-à-dire l'équivalent en espèces, à raison de 222 francs les 100 kil. Tous les dix jours, il devait y avoir règlement de compte entre la Banque et le Trésor.

Ce traité a également été exécuté dans toutes ses parties, et ainsi s'est trouvée close la série des opérations relatives au retrait et à la démonétisation des monnaies de billon ou d'argent à bas titre.

Trois tableaux, imprimés dans le compte général des finances de l'année 1847, font connaître les résultats de cette démonétisation. Nous nous contenterons d'en donner le résumé, emprunté lui-même à ce compte général.

Billon inférieur.

Les procès-verbaux de la commission spéciale avaient constaté l'entrée à la Monnaie de Paris de 94.117 kil. 526 gr. de pièces ayant une valeur nominale de 5.436.623 fr. 81, savoir :

		Poids.	Valeur nominale.
Pièces françaises de bon aloi.	de 6 liards	62.072ᵏ804	3.717.656ᶠ37
	de 10 centimes à la lettre N .	31.083ᵏ407	1.665.525 »
A reporter. . .		93.156ᵏ211	5.383.181ᶠ37

		Report. . . .	93.156ᵏ211	5.383.181ᶠ37
Pièces étrangères	de 6 liards	399ᵏ021	22.354 65
	de 10 centimes à la lettre N .	143ᵏ151	7.821 20
Pièces fausses.	de 6 liards	»	»
	de 10 centimes à la lettre N .	419ᵏ143	23.266 59
		94.117ᵏ526	5.436.623ᶠ81

A déduire :

La différence entre la valeur nominale des pièces étrangères ou
fausses et leur prix d'achat par
le Trésor suivant le tarif . . .   32.586 75

           Reste 5.404.037ᶠ06

La commission spéciale avait remis à la Monnaie
de Paris en 43 livraisons, du 24 novembre 1846 au
11 septembre 1847, 94.080 kil. 780 représentant
une valeur de 4.288.527 fr. 16.

En comparant le poids des pièces retirées de la
circulation 94.117ᵏ526
avec celui des livraisons   94.080 780

on remarque une différence de . .   36ᵏ746

Elle provient, pour 2^k612, des déchets des matières qui avaient servi aux expériences du laboratoire de la Commission des monnaies et, pour le surplus, d'un déficit sur le poids reconnu à la sortie des pièces, déficit attribué pour partie à l'oxydation que les pièces avaient subie pendant leur séjour à la Monnaie.

La valeur nominale étant de . .	5.404.037ᶠ06
et le prix de vente de	4.288.527 16
la différence est de	1.115.509ᶠ90
à laquelle il faut ajouter pour frais relatifs au retrait du billon inférieur	168.730 52
	1.284.240ᶠ42

et dont il faut retrancher le bénéfice réalisé sur des pièces de 10 centimes à la lettre N achetées comme fausses par le payeur d'Alger et qu'on a reconnues plus tard être de bon aloi. 71 64

La perte définitive pour le Trésor ressort, par conséquent, à. . .   1.284.168ᶠ78 soit 23,76 pour cent de la valeur nominale des pièces démonétisées. L'exposé des motifs de la loi du 10 juillet 1845 avait évalué la valeur nominale du billon inférieur en circulation à 10.287.000 francs et la perte probable à 2.750,000 francs, soit 26,73 pour cent, évaluation supérieure à la perte réelle, comme on vient de le voir.

La valeur nominale des pièces de 15 et de 30 sous déposées à la Banque était, y compris un versement de 6 millions environ antérieur à 1845, de 18.003.938 fr. 25, représentant un poids total de 109.203 kil. 620.

L'État a encaissé :

1° La valeur des matières affinées. 16.366.461ᶠ70

2° La prime sur l'or à 17 francs pour mille. . . .   844ᶠ75 ⎫
et sur l'argent à   ⎬   55.777 68
3ᶠ50 pour mille. .   54.932 93 ⎭

3° Le prix de vente de pièces fausses provenant de Saint-Pierre et Miquelon. 1 51

————————

16.422.240ᶠ89

A déduire :
les frais d'affinage   190.897ᶠ11 ⎫
les autres frais de   ⎬   367.631 51
l'opération. . .   176.734 40 ⎭

————————

Total du produit net. 16.054.609ᶠ38
La valeur nominale étant de. .   18.003.938 25

————————

La perte pour le Trésor ressort à . . . .   1.949.328ᶠ87 soit 10,83 pour cent de la valeur nominale des pièces démonétisées. L'exposé des motifs de la loi de démonétisation avait évalué cette perte à 12,50 pour cent.

Si on ajoute a cette perte de . . 1.949.328ᶠ87 celle qui a été réalisée sur le billon inférieur. . . . . 1.284.168 78 la dépense totale supportée par le budget, pour le retrait de 5.404.037ᶠ06 en billon inférieur et de 18.003.938ᶠ25 en billon supérieur, ensemble 23.407.975ᶠ31, ressort définitivement à . . . . . 3.233.497ᶠ65 soit 13,81 pour cent de la valeur nominale des pièces retirées, au lieu de 17,33 pour cent qu'avait prévus l'exposé des motifs. Encore faut-il remarquer que dans la somme des frais imputés sur le crédit spécial ouvert par la loi de démonétisation se trouve comprise celle de 126.067ᶠ52 afférente à la fabrication et au transport dans les départements de 12.559.233 francs de pièces divisionnaires d'argent, qui ont été frappées extraordinairement pour remplacer dans la circulation les pièces démonétisées.

En résumé, la démonétisation des pièces de 6 liards, des pièces de 10 centimes à la lettre N et des pièces de 15 sous et de 30 sous s'est effectuée sans embarras aucun, dans les délais, pourtant si courts, qu'avait fixés la loi du 10 juillet 1845. Ce résultat est dû surtout, nous l'avons dit, à la tolérance dont on avait usé à l'égard des espèces présentées à la démonétisation; mais il doit être attribué aussi aux sages mesures que l'administration des finances avait prises dès le début pour l'échange et la vérification des pièces retirées de la circulation.

Moins importante que celle des pièces duodécimales d'or et d'argent par les sommes engagées, cette seconde démonétisation était, à certains égards, plus nécessaire peut-être ; du moins, elle a eu des conséquences éminemment utiles, non seulement parce qu'elle a débarrassé la circulation de pièces dépréciées qui la gênaient et réalisé un nouveau progrès vers l'unification décimale de notre système monétaire, mais surtout parce qu'elle a fait disparaître pour toujours de ce système un instrument d'échange, le billon, que l'expérience a définitivement condamné.

III

REFONTE DES MONNAIES DE CUIVRE

La refonte générale des monnaies de cuivre était depuis longtemps réclamée par le vœu public, lorsque Louis-Napoléon, cédant à des considérations politiques autant au moins qu'économiques, proposa au Corps législatif, en 1852, cette mesure, qui devait substituer à la diversité des anciens types un type unique à son effigie.

Tout concourait à rendre cette refonte nécessaire. Différentes d'origine, de matière, de diamètre et de poids, les monnaies de cuivre étaient lourdes et d'un usage incommode. Elles ne portaient, pour la plupart, que des empreintes grossières et à demi effacées, et offraient ainsi de grandes facilités au faux monnayage. Enfin, elles étaient, au moins dans leurs moindres coupures, les pièces de 1 et de 2 liards, en désaccord avec le système légal des poids et mesures.

Aussi tous les gouvernements qui s'étaient succédé en France depuis trente années n'avaient-ils cessé de se préoccuper de leur remplacement. Dès 1817, des propositions sérieuses furent portées dans les conseils du gouvernement. En 1828, des renseignements étaient demandés aux chambres de commerce ; ces chambres étaient de nouveau consultées en 1838, ainsi que les conseils généraux des départements. A la même époque, la commission qui avait été chargée d'étudier les moyens de compléter la réforme générale de nos monnaies donnait une large place dans cette étude aux espèces inférieures. Cinq années après, la Chambre des députés était appelée à délibérer sur un projet de loi qui en proposait la démonétisation. Ce projet ayant été repoussé dans les conditions que nous avons eu l'occasion de rappeler, la question fut reprise en 1847 et elle était à l'étude au moment où éclata la révolution de Février. Le gouvernement provisoire entreprit de la résoudre par un décret du 3 mai 1848 ; mais le crédit de 1.500.000 francs demandé pour couvrir la dépense fut rejeté par l'Assemblée nationale, et ce rejet, motivé sur des raisons d'inopportunité et non sur le fond même des choses, empêcha qu'il fût donné aucune suite à la mesure. Enfin, en 1850, le vœu de la démonétisation du cuivre était émis dans la session des trois conseils généraux de l'agriculture, des manufactures et du commerce.

C'est cette question, pendante depuis plus de trente années, que le gouvernement de Louis-Napoléon résolut, avec le concours du pouvoir législatif, par la loi du 6 mai 1852.

D'après les renseignements possédés par l'Administration des monnaies, il avait été émis en espèces de cuivre :

1° 10.244.394 francs en pièces de 1 liard, de 2 liards et de 1 sou (édits de 1719 et de 1768);

2° 19.232.543 francs en sous fabriqués avec le métal provenant des cloches des églises supprimées, en vertu des lois des 24 et 28 juin 1791 et du 6 août de la même année. Ces pièces étaient de deux sortes, les unes, composées de métal de cloche pur non affiné et contenant environ 20 à 22 pour cent de métaux blancs, avaient été obtenues par le moulage ; les autres, beaucoup plus nombreuses que les précédentes et contenant seulement de 10 à 12 pour cent de métaux blancs, avaient été frappées au mouton ;

3° 19.691.266 francs en sous et centimes frappés à l'effigie de la République en l'an V et en l'an VII. Leur alliage, provenant d'un mélange de métal de cloche, uni à une forte proportion de cuivre pur, contenait de 4 à 5 pour cent d'étain. On les désignait sous le nom de sous à la *tête de Liberté*.

Les pièces d'un centime, peu nombreuses, étaient en cuivre rouge ;

4° 175.133'10, en monnaies obsidionales frappées pendant les deux blocus de Strasbourg ;

5° 250.000 francs en pièces de 1 centime frappées en 1848, 1849 et 1850.

Ces cinq espèces de monnaies représentaient une valeur totale de 49.593.336 francs. Les pièces comprises dans les deux premières catégories étaient au poids de 24 grammes, les autres au poids de 20 grammes le décime.

Pour déterminer la quantité de monnaie de cuivre qui restait en circulation, il aurait fallu, d'une part, ajouter aux chiffres qu'on vient d'indiquer d'anciens deniers tournois qui circulaient encore sur certains points, des sous frappés en l'an III et échappés à la démonétisation de l'an V, les monnaies obsidionales fabriquées pendant les sièges d'Anvers et de Mayence et dont l'émission n'était pas connue. D'autre part, il aurait fallu retrancher les monnaies perdues, détruites et exportées. Faute de données certaines à cet égard, l'Administration estimait qu'il y avait compensation entre les motifs d'accroissement et de diminution, et que les chiffres d'émission étaient à peu près ceux de la circulation. Par conséquent, c'était une valeur de 50 millions environ, pesant près de 10 millions de kilogrammes, qu'il s'agissait de retirer de la circulation et de remplacer.

En effet, la loi du 6 mai 1852, en même temps qu'elle prescrivait le retrait des pièces de 1 et de 2 liards, de 1 et de 2 sous, de 1, de 5 et de 10 centimes (art. 1er), dut régler les conditions d'émission de la nouvelle monnaie, c'est-à-dire fixer la composition, le poids, le module et les empreintes de chaque espèce de pièces nouvelles, les tolérances, etc.

D'après la loi du 4 juillet 1837, les unités monétaires sont le centime, le décime et le franc. La loi de 1852 s'est conformée à cette règle en prescrivant la fabrication de pièces de 1, de 2, de 5 et de 10 centimes, qui représentent les unités mêmes avec leurs multiples décimaux.

Il était naturel que l'État employât à cette fabrication les matières provenant des pièces à démonétiser. Nous avons vu que ces pièces se composaient des sous royaux en cuivre pur, des sous à tête de Liberté contenant 4 à 5 pour cent d'étain, et des sous de cloche contenant, les uns 20 à 22, les autres 10 à 12 pour cent seulement d'étain allié à du cuivre. On reprochait aux premiers de manquer de dureté, d'être trop oxydables et de se prêter aux contrefaçons galvanoplastiques. On reprochait aux derniers d'être formés d'un alliage cassant, difficile à fabriquer, recevant mal l'empreinte et susceptible d'être contrefait par le moulage. La commission de 1838, qui avait été chargée d'étudier les différents alliages en vue de leur appropriation à la nouvelle fabrication, trouva ces reproches fondés. Elle reconnut au contraire que l'étain ajouté au cuivre à la dose de 4 à 5 pour cent, comme dans les sous à la tête de Liberté, donnait un bronze que la galvanoplastie reproduit difficilement et qui se prête peu au moulage. Partant de cette donnée et poussant plus loin les expériences, le laboratoire de l'Administration des monnaies arriva à constater qu'en remplaçant dans cet alliage une partie de l'étain par du zinc, le monnayage devenait plus régulier, plus facile et par suite plus économique. En conséquence, cette administration proposa de faire les nouvelles monnaies en bronze et de composer ce bronze de 95 parties de cuivre, de 4 parties d'étain et de 1 partie de zinc. Le projet de 1843 et, après lui, la loi de 1852 (art. 3) ont adopté cette composition.

De toutes les questions que soulevait la fabrication des nouvelles monnaies, la plus importante était sans contredit celle du poids à leur donner ; la solution se trouvait, là encore, préparée par le projet de 1843.

Tout le monde est aujourd'hui d'accord que les monnaies d'or et d'argent doivent avoir un poids tel que la valeur nominale pour laquelle chaque pièce est émise soit égale à la valeur du métal dont elle est formée. Il n'en peut être ainsi pour la monnaie de cuivre. On est obligé, à cause de son

poids, de lui donner une valeur nominale bien
supérieure à la valeur réelle du métal. Il n'y a là,
d'ailleurs, rien qui soit contraire aux principes ou
qui puisse inquiéter les intérêts ; car la monnaie de
cuivre n'est pas une monnaie réelle, mais une
monnaie de convention, qui joue simplement le rôle
de *billets de confiance*, de signe représentant une
pièce d'argent trop petite pour être frappée en
argent, suivant l'expression de J.-B. Say. Cette
monnaie de convention n'ayant cours forcé que
pour de très faibles sommes, il importe peu que sa
valeur nominale se rapproche plus ou moins de la
valeur du métal ; ce qu'il faut lui demander, c'est
d'être commode et difficile à contrefaire. S'inspirant
de ces idées, le projet de 1843 avait proposé le
poids d'un gramme par centime, qui permettait
d'avoir des pièces d'une forme élégante et d'un
usage facile, et qui avait de plus l'avantage de
combiner exactement l'unité monétaire avec l'unité
de poids. La loi de 1852 a maintenu ce poids d'un
gramme par centime (art. 3). Elle ne s'est pas
laissée arrêter par les objections tirées de l'encouragement qu'un trop grand abaissement du poids
pouvait donner à la contrefaçon et du discrédit qui
pouvait en résulter pour les nouvelles monnaies,
en quoi elle a eu raison ; car, pour les espèces de
cuivre, la garantie contre le faux monnayage est
dans la perfection de la fabrication et dans la

beauté des empreintes, et non dans leur poids.
D'un autre côté, étant admis le caractère conventionnel de cette monnaie, il n'y avait pas de raison
pour que le décime de 10 grammes ne circulât
aussi bien que le décime de 20 grammes avait
circulé jusqu'en 1852 et qu'aurait pu circuler celui
de 15 grammes qu'on proposait pour ménager,
disait-on, la transition. La différence des temps,
des circonstances et des conditions d'émission
rendait impossible, en 1852, ce qui s'était passé en
l'an III. A cette époque le gouvernement, réduit à
des expédients, avait multiplié, pour se créer des
ressources, les émissions de monnaies de cuivre,
comme il multipliait les assignats. On avait déjà
fabriqué en 1791 pour 19 millions de sous en métal
de cloche; on s'apprêtait en l'an III à en émettre
encore pour une valeur égale, qui devait venir
s'ajouter à la masse existant déjà dans la circulation. De là le mauvais accueil fait par les populations à cette nouvelle émission de sous à poids
réduit.

Les dispositions suivantes complétèrent la loi du
6 mai 1852.

Les modules des quatre pièces étaient : le 1 centime, 15 millimètres ; le 2 centimes, 20 millimètres ;
le 5 centimes, 25 millimètres ; le 10 centimes,
30 millimètres. On avait cherché à combiner dans
les meilleures proportions le diamètre du disque

et son épaisseur; mais, surtout, on avait tenu à éviter toute concordance entre les dimensions des pièces de bronze et celles des autres pièces d'or et d'argent, et ce résultat a été atteint[1].

La tolérance de poids en fort et en faible était limitée à 1 pour cent, pour les pièces de 5 et de 10 centimes, et à 1 $\frac{1}{2}$ pour cent pour les pièces de 1 et de 2 centimes. La tolérance de titre, en dessus et en dessous, était fixée à 1 centième pour le cuivre et à un demi-centième pour chacun des deux autres métaux (art. 3).

L'émission ne pouvait dépasser la valeur des anciennes pièces retirées de la circulation (art. 5). La monnaie d'appoint, précisément parce qu'elle n'est qu'une monnaie de convention et n'a cours légal que pour une très faible somme, doit être maintenue rigoureusement dans les limites qu'exigent les besoins de la circulation. L'abaissement du poids des nouvelles pièces de bronze était, pour l'État,

1. Voici les dimensions des pièces d'or et d'argent :

Or.

100 francs	35 millimètres.
50 —	28 —
20 —	21 —
10 —	19 —
5 —	17 —

Argent.

5 francs	37 millimètres.
2 —	27 —
1 —	23 —
50 centimes	18 —
20 —	16 —

une raison de plus de se conformer à cette règle ; il
ne voulait pas qu'on pût l'accuser de chercher surtout un bénéfice dans la transformation qu'il poursuivait. Or, puisque la masse des anciens sous avait
suffi, on devait supposer que la même somme émise
en pièces de bronze donnerait satisfaction à tous
les besoins.

Par application de l'article 2 du décret du
18 août 1810, les nouvelles monnaies de bronze ne
pouvaient être employées dans les payements, si
ce n'est de gré à gré, que pour l'appoint de la pièce
de 5 francs, soit pour 4 fr. 99 (art. 6).

Enfin, une somme de 7.560.000 francs, portée
plus tard à 8.100.000 francs par décret du 31 janvier 1857, était affectée à toutes les dépenses de la
démonétisation et de la fabrication (art. 7); par
contre, les produits résultant de la vente des métaux
non employés devaient être portés en recette au
budget de chaque année (art. 10).

Les bases générales de l'opération étant ainsi
arrêtées, on procéda sans tarder à la transformation des anciennes monnaies. Sept ateliers devaient
y prendre part, savoir : ceux de Paris, de Bordeaux
et de Strasbourg, qui fonctionnaient au moment de
la présentation de la loi ; et ceux de Lille, de Rouen,
de Lyon et de Marseille, qu'on se proposait de
rouvrir pour la circonstance.

Un cahier des charges, approuvé par le ministre

le 12 août 1852, régla ainsi qu'il suit les conditions
de cette participation. L'hôtel de Paris devait concourir à la fabrication pour 2/8 et les six autres
pour 1/8 chacun. Toutefois l'Administration pouvait
modifier cette répartition, en augmentant ou en
diminuant de 10 pour cent la part afférente à chaque
hôtel. Toutes les opérations de la fabrication, depuis
la destruction des anciennes pièces jusqu'à la mise
en sacs des nouvelles, devaient s'exécuter dans les
ateliers mêmes. La fabrication totale devait comprendre au moins 10/20 en pièces de 10 centimes et
8/20 en pièces de 5 centimes. L'administration se
réservait de déterminer plus tard la proportion suivant laquelle les deux autres vingtièmes seraient
répartis entre les quatre sortes de monnaie. Voulant
éviter la faute qui avait été commise en 1829,
l'État s'engageait à livrer à chaque atelier les pièces
retirées de la circulation et à y reprendre les espèces
fabriquées. Le prix de fabrication était fixé par kilogramme : pièces de 10 centimes, 0 fr. 92 ; pièces de
5 centimes, 1 fr. 32 ; pièces de 2 centimes, 2 fr. 24 ;
pièces de 1 centime, 3 francs. En outre, il était
alloué à chaque directeur 5 kil. de déchets par
105 kil. de sous anciens employés aux fabrications,
c'est-à-dire qu'il ne devrait être rendu que 100 kil.
de sous neufs pour 105 kil. de sous vieux. Moyennant ces allocations, tous les frais de la fabrication :
appropriation des ateliers, achat et entretien de

l'outillage d'exploitation, installation et entretien des machines fournies par l'État, acquisition des coins et des viroles, vérification des nouvelles espèces, etc., étaient mis à la charge des directeurs, sans qu'ils pussent prétendre, en fin d'opération, à aucun rachat ni à aucune indemnité. L'État devait fournir les presses ; il devait aussi supporter les frais de vérification et de difformation des anciennes monnaies, ceux de la mise en sacs des nouvelles et toutes les dépenses du contrôle. Les directeurs des ateliers rétablis étaient assujettis à un cautionnement de 60.000 francs.

En même temps que s'organisait la participation des ateliers, le ministre des finances réglait la marche du retrait des anciennes monnaies et de l'émission des nouvelles. Un arrêté du 16 janvier 1853 prescrivit aux percepteurs et aux préposés des administrations financières de comprendre dans leurs versements périodiques toutes les pièces de 1, de 5 et de 10 centimes, de 1 sou et de 2 sous, de 1 liard et de 2 liards qu'ils recevraient en acquit des contributions et revenus publics dans la proportion déterminée par l'article 2 du décret du 18 août 1810, c'est-à-dire comme appoint de la pièce de 5 francs. Il était interdit aux comptables de tous les degrés de remettre en circulation ces monnaies, pour quelque motif que ce fût, sauf le cas de complément d'appoint.

Les receveurs généraux et particuliers des finances devaient envoyer directement à l'établissement monétaire auquel leur département ressortissait les pièces centralisées à leurs caisses, en groupant séparément celles en cuivre rouge et celles en métal de cloche; les pièces fausses, étrangères ou évidemment altérées devaient seules être refusées.

La France était divisée en sept grandes circonscriptions, dont chacune fut attribuée à l'un des sept hôtels monétaires. Toutefois cette attribution n'était pas irrévocable; le ministre des finances se réservait le droit de la modifier suivant la marche des opérations et les besoins de la circulation.

Un marché, passé le 29 octobre 1852 avec une entreprise de roulage[1], et une adjudication de 15.000 sacoches et de 150.000 sacs, faite le 10 décembre suivant au prix de 10 centimes par sac et de 1f80 par sacoche, assurèrent pour toute la durée de l'opération le service du transport des anciennes et des nouvelles monnaies.

Des instructions concertées à la fin du mois de janvier 1853 entre l'administration des monnaies et le ministre des finances complétèrent la réglementation que l'exécution de la loi du 6 mai 1852 a

---

1. Les prix soumissionnés furent de 0f16 par 100 kilogrammes et par myriamètre pour transport par roulage ordinaire, et de 1/2 centime en sus pour transport par roulage extraordinaire, avec faculté pour l'administration d'employer l'une ou l'autre voie, à sa convenance.

rendue nécessaire. Elles portaient que les directeurs seraient comptables de la valeur des envois des receveurs généraux et particuliers des finances jusqu'à la difformation des pièces et responsables de leur poids jusqu'à la fin de l'opération ; que la vérification des envois et la difformation des anciennes pièces, dont l'État s'était déchargé sur les directeurs à un prix débattu avec eux, seraient contrôlées par les agents de l'administration des monnaies ; que les pièces de cuivre rouge seraient remises aux directeurs pour être employées aux fabrications ; que les sous rebutés leur seraient également remis, après avoir été découpés, sauf aux directeurs à en tenir compte aux expéditeurs ; enfin que les sous en métal de cloche seraient déposés dans une caisse à deux clefs, pour être livrés au Domaine et vendus.

Toutes les mesures avaient été prises avec une telle promptitude que la fabrication put commencer, à Paris, le 30 octobre 1852 et, dans les départements, au mois de janvier 1853. Elle marcha depuis sans interruption jusqu'à son entier achèvement.

Le retrait des anciennes monnaies de cuivre et la fabrication des nouvelles devaient être conduits parallèlement, pour que la circulation n'en fût pas entravée. La loi de 1852 n'avait donc pu déterminer l'époque à laquelle les anciennes pièces cesseraient d'avoir cours. Elle avait laissé à un décret spécial le soin de statuer à cet égard. Au mois de mars 1856 l'opération du retrait était assez avancée pour que le terme de la démonétisation pût être arrêté sans inconvénient. En conséquence, un décret du 12 de ce mois fixa au 1er juillet suivant, pour les liards et les pièces de 1 centime, et au 1er octobre, pour les pièces de 5 centimes et de 1 sou, de 10 centimes et de 2 sous, la date à laquelle cesserait le cours légal. Les liards et les centimes purent être échangés du 25 au 30 juin à l'Hôtel des monnaies de Paris. Pour les autres pièces démonétisées, l'échange se fit, du 25 septembre au 10 octobre, à deux comptoirs ouverts, l'un dans ce même hôtel, l'autre au ministère des finances.

Enfin, le 15 mai 1856 le ministre des finances prescrivit la livraison à la Direction des domaines des matières qui restaient sans emploi. La vente de ces matières liquida l'opération de la refonte.

La fabrication a été terminée, dans les départements, en février ou mars 1857 et, à Paris, en juin seulement; elle a atteint exactement le chiffre de 48.500.000 francs, réparti ainsi qu'il suit : Paris, 11.800.000; Bordeaux, 5.600.000 ; Lille, 6.500.000 ; Lyon, 5.500.000; Marseille, 6.200.000 ; Rouen, 6.600.000; Strasbourg, 6.300.000.

Quelques mesures purement administratives complétèrent la liquidation. Les hôtels de Rouen, de Lille, de Lyon et de Marseille, qui avaient été rétablis uniquement pour participer au travail de la refonte, furent fermés et définitivement supprimés. Leurs directeurs durent enlever des bâtiments de l'État l'outillage qui leur appartenait et, après l'apurement de leurs comptes, reprendre à la Caisse des dépôts et consignations le cautionnement qu'ils y avaient versé. Quant à la partie du matériel prêté par l'État, elle fut vendue par l'Administration des domaines, à l'exception des presses monétaires qui vinrent renforcer l'outillage de la Monnaie de Paris. Tout ce qui restait des sacs et des sacoches fournis pour le service des transports fut de même livré à l'Administration des domaines et vendu aux enchères.

Ainsi s'est terminée, sans secousse et sans perturbation, cette importante opération de la démonétisation et du remplacement des anciennes monnaies de cuivre : 49 millions de francs, représentant près de 800 millions de pièces, ont été substitués à une valeur égale dans la circulation, sans que le public se soit pour ainsi dire aperçu de la transformation qui s'opérait sous ses yeux. L'abaissement du poids des monnaies nouvelles n'a soulevé aucune opposition. Le retrait des vieux sous, sagement conduit, n'a pas troublé un seul instant les transactions de détail.

Enfin, l'État, loin de supporter une perte, a réalisé un bénéfice important, comme l'atteste le compte suivant qui présente les résultats généraux et financiers de l'opération.

Les anciennes monnaies de cuivre retirées de la circulation représentaient un poids total de 9.939.292^{k}217, se partageant ainsi :

Pièces en métal de cloche. . .   4.072.004^{k}771
Pièces en cuivre rouge. . . .   5.867.287 446
                                 ————————————
                                 9.939.292^{k}217

Le poids des nouvelles monnaies de bronze fabriquées en remplacement s'élevant à :

Pièces de 10e 2.596.694^{k}699
Pièces de 5e 2.070.400 128
Pièces de 2e 116.375 135
Pièces de 1e 66.967 584
                    ——————————————
  Ensemble. 4.850.434 543

l'excédent au profit des monnaies retirées ressortait à . . . .   5.088.857^{k}674
                                   ——————————————

Cet excédent était représenté :

1° Par les déchets alloués aux directeurs en vertu du cahier des charges . . . .   242.521^{k}726

                    A reporter. . . . .   242.521^{k}726

Report. 242.521ᵏ 726

2° Par les déchets provenant de
la difformation des pièces. 1.305 381

3° Par les pièces vendues au
commerce et qui pesaient :

Métal de clo-
che. 4.070.772ᵏ 829

Cuivre rou-
ge resté en
excédent après
la fabrication. 774.257ᵏ 738

4.845.030 567

Total égal. 5.088.857ᵏ 674

D'autre part, la valeur nominale des anciennes
monnaies était :

2 sous et 10 centimes.	26.637.104ᶠ »
1 sou et 5 centimes.	20.743.499 55
Liard et 2 liards	1.037.758 58
1 centime.	124.236 43
Total.	48.512.598ᶠ 56

Et celle des nouvelles :

10 centimes .	25.965.839ᶠ 70
5 centimes . .	20.702.905 15

A reporter. . . . 46.668.744ᶠ 85   48.512.598ᶠ 56

Reports. . .   46.668.744ᶠ85   48.512.598ᶠ56

2 centimes .   1.162.665 64

1 centime. .   668.589 51

                                            48.500.000 »

Par conséquent la valeur des anciens sous dépassait la somme remise en circulation de. 12.598ᶠ56

Voici maintenant les résultats financiers de l'opération. D'après le compte général des finances pour l'année 1858, les dépenses totales de la démonétisation autorisée par la loi du 6 mai 1852 se sont élevées à 7.762.077fr. 48. Ce chiffre est donné en bloc et sans détail dans le compte général, mais d'après un tableau joint au rapport général sur la refonte des monnaies de cuivre adressé au ministre des finances par la commission des monnaies, il se décompose ainsi :

1° Dépenses de personnel. . .   303.647ᶠ19

2° Dépenses de matériel :

Frais d'appropriation des bâtiments.   123.049 24

Achat et installation des presses. .   372.282 03

Matrices et poinçons originaux. .   15.500 »

Dépenses restant à liquider au moment de la rédaction du rapport. . .   35.000 »

                                    A reporter. . . .   849.478ᶠ46

Report	849.478ᶠ46

3° Frais généraux :

Frais de fabrication. . . . . . — 5.583.513 67

Vérification et difformation des anciennes monnaies; mise en sacs — 369.370 82

Frais de trésorerie; prix des sacs et sacoches; frais de transport; commission aux comptables . . . — 947.413 97

4° Différence entre la valeur nominale des pièces démonétisées et celle des pièces de bronze émises. — 12.598 56

Somme égale. . . . . — 7.762.077ᶠ48

Les ventes de cuivre inutile à la fabrication ont produit :

Cuivre rouge . . 2.024.739ᶠ68 }
Métal de cloche. 8.820.237ᶠ14 } — 10.844.976 82

Il y a donc un excédent de recette de . . . . — 3.082.899ᶠ34 qui constitue le bénéfice net réalisé par l'État sur la refonte des anciennes monnaies de cuivre.

Les constatations qui précèdent terminent l'exposé des faits se rattachant directement à l'exécution de la loi du 6 mai 1852; mais postérieurement à cette loi, il a été pris certaines mesures complémentaires que nous devons faire connaître.

Nous avons vu que la fabrication des nouvelles pièces de bronze avait été limitée, en exécution de l'article 5 de la loi de 1852, à 48.500.000 francs, somme représentant à 12.598 fr. 56 près la valeur des pièces retirées de la circulation. On s'avisa, en 1860, que cette somme ne répondait plus aux besoins des transactions. La fabrication d'un nouveau contingent de 12 millions fut, en conséquence, autorisée (loi du 18 juillet 1860). Une seconde loi du 2 août 1872 est venue ajouter encore 10 millions à ces 12 millions, ce qui portera à 70 millions, soit à 1'90 par habitant, la quantité totale des monnaies de bronze qui se trouveront émises en France, quand la fabrication des derniers 10 millions, poursuivie à raison de 200.000 francs par an, sera terminée.

Les conditions des deux fabrications autorisées en 1860 et en 1872 sont les mêmes que celles qu'avait fixées la loi du 6 mai 1852. Une seule modification a été apportée : l'État n'ayant plus d'anciennes monnaies à livrer aux ateliers monétaires, les espèces nouvelles ont été et continuent d'être fabriquées avec des métaux neufs, fournis jusqu'en 1879 par les entrepreneurs du monnayage et, depuis que la régie a été substituée à l'entreprise, achetés de gré à gré par l'Administration.

Au 31 décembre 1884, les émissions totales de monnaies de bronze atteignaient le chiffre de

63.991.224ᶠ90, se répartissant comme suit entre les quatre coupures :

10 centimes	33.845.573ᶠ40
5 centimes	27.059.348 05
2 centimes	1.904.706 52
1 centime	1.481.596 93
Total égal	63.991.224ᶠ90

IV

RETRAIT DE LA CIRCULATION ET DÉMONÉTISATION DES PIÈCES D'ARGENT DE 25 CENTIMES.

La loi de l'an III et, après elle, la loi du
4 juillet 1837 interdisaient formellement les divisions d'un quart, de trois-quarts, d'un huitième
pour toutes les mesures, ces divisions étant incom-
patibles avec le système décimal, qui ne comporte
que les diviseurs 5 et 2. La commission administrative de 1838 avait voulu rentrer, partout où cela
était possible pour les monnaies, dans les divisions
de ce système et adopter des dénominations et des
fractionnements qui se rattachassent à ses multiples
ou sous-multiples. Dans ce but, elle proposa de
substituer la qualification de décime à celle de
10 centimes; elle proposa, en outre, de remplacer

la pièce d'un quart de franc par une pièce de 2 décimes et d'inscrire à l'avenir sur la pièce d'un demi-franc, comme légende indicative de sa valeur, les mots : cinq décimes. Enfin cette commission, toujours dans le même esprit, émit l'avis que les pièces de 40 francs, dont la valeur ne représente ni le double ni la moitié d'aucune unité monétaire, devaient être démonétisées.

Le gouvernement, dans son projet de loi de 1843, avait adopté les vues de la commission administrative de 1838 touchant la création d'une pièce de 2 décimes et l'adoption, pour celle d'un demi-franc, de la dénomination de 5 décimes ; mais ni l'une ni l'autre de ces propositions ne fut adoptée par la commission de la Chambre des députés.

Le rapporteur, M. Pouillet, fit observer qu'un usage général avait supprimé, en matière de compte, l'énonciation du décime et qu'on ne parlait jamais que par franc et centime.

Il ne voyait aucune utilité et trouvait plutôt des inconvénients à combattre cet usage ; car une seule unité inférieure pour exprimer les sous-multiples du franc offrait, suivant lui, beaucoup moins de confusion que l'emploi simultané du décime et du centime. M. Pouillet demanda donc que le centime fut exclusivement employé pour exprimer la valeur des monnaies divisionnaires du franc.

Il conclut aussi au maintien, avec la dénomination de 25 centimes, de la pièce d'un quart de franc, qu'il jugeait suffisamment décimale.

Le gouvernement s'appropria ces conclusions, lorsqu'il reprit en 1845 le projet qui n'avait pu être voté en 1843. Il se borna à proposer un article portant que « les pièces d'un demi-franc et d'un quart de franc, qui seraient frappées à l'avenir, porteraient au revers les mots : cinquante centimes, vingt-cinq centimes, au lieu de ceux : un demi-franc, un quart de franc. »

Dans un discours en réponse au général marquis de **Laplace**, qui aurait voulu l'application rigoureuse du système décimal, le ministre, M. **Lacave-Laplagne**, expliqua qu'il y avait dans les usages de ceux qui ont à se servir de petites monnaies un très grand nombre de cas dans lesquels la pièce d'un quart de franc était utile et même nécessaire pour les transactions ; que la pièce de 20 centimes romprait ces habitudes et multiplierait la nécessité des appoints dans beaucoup de circonstances ; qu'on ne pouvait dire, d'ailleurs, que la pièce d'un quart de franc s'écartât du système décimal, puisqu'elle est un multiple de 5 pour les centimes. En conséquence, il demanda et obtint le maintien de la pièce d'un quart de franc, avec la dénomination de vingt-cinq centimes.

Tels étaient les précédents de la question, lorsque le gouvernement provisoire rendit, à la date du

3 mars 1848, un décret qui donnait la nomenclature des monnaies nationales et qui comprenait dans cette nomenclature la pièce de 20 centimes, à l'exclusion de celle de 25 centimes. Ce décret n'est accompagné d'aucun considérant qui en explique les motifs; mais il n'est pas douteux qu'en ce qui concerne la pièce de 20 centimes, il a été inspiré par la même pensée qui avait déterminé la commission administrative de 1838 à proposer la création de cette pièce, c'est-à-dire par le désir de se rapprocher davantage du système décimal.

Bien que le décret du gouvernement provisoire n'en eût pas fait mention, le retrait des pièces de 25 centimes était la conséquence forcée de la création de la pièce de 20 centimes; deux monnaies ayant presque le même poids et le même module, avec une valeur différente, ne pouvaient continuer de circuler simultanément sans devenir une cause de confusion et une source d'abus. Aussi le gouvernement qui avait remplacé le gouvernement provisoire s'empressa-t-il de faire procéder à ce retrait par simple mesure administrative. Un arrêté du ministre des finances, en date du 12 février 1850, interdit à tous les comptables d'employer les pièces de 25 centimes dans leurs payements et de les remettre en circulation.

Les percepteurs et les préposés des administrations financières durent comprendre dans leurs versements périodiques toutes celles de ces pièces qui arriveraient à leurs caisses. Ces pièces, centralisées d'abord aux recettes particulières, puis aux recettes générales, devaient être déposées à la Banque de France ou à ses succursales de Bordeaux et de Strasbourg.

Dès que ces dépôts eurent atteint un certain chiffre, l'administration des finances se mit en mesure d'en régler l'emploi. A cet effet, elle passa le 17 juin 1850 avec M. Diérickx, directeur de la Monnaie de Paris, un traité en vertu duquel ce directeur s'engagea à recevoir pour 2 millions de pièces de 25 centimes et à convertir ces 2 millions, sans frais d'aucune espèce pour le Trésor, deux tiers en pièces de 5 francs et un tiers en pièces de 20 centimes. M. Diérickx s'obligeait, en outre, à rembourser le prix des pièces de 25 centimes pour leur valeur nominale entière dans le délai de huit mois à dater du jour où les livraisons, qui devaient s'effectuer en dix termes égaux de 200.000 francs, du 20 juin au 26 juillet, lui auraient été faites. Ce remboursement devait être effectué en bons du Trésor, à l'échéance moyenne de huit mois.

Quatre autres traités analogues furent passés avec le directeur de la Monnaie de Paris pour une somme de 2.700.000 francs, à mesure des rentrées de la Banque de France.

Nous avons dit que les succursales de Strasbourg et de Bordeaux avaient été appelées à recevoir des dépôts de pièces de 25 centimes. Pour éviter des frais de transport, l'administration proposa aux directeurs des Monnaies de ces deux villes de convertir leurs dépôts en espèces nouvelles, aux mêmes conditions que la Monnaie de Paris. Le premier déclina la proposition comme onéreuse ; elle fut, au contraire, acceptée par le second. En conséquence, un traité semblable à celui qui avait été passé le 17 juin 1850 avec M. Diérickx fut conclu avec le directeur de Bordeaux. Il y eut seulement cette différence dans les conditions qu'au lieu de payer en bons du Trésor à huit mois, ce dernier remboursa comptant la valeur de 190.745'75 qui lui fut livrée en pièces de 25 centimes, sous la déduction de 2 ²/₃ pour cent d'escompte, représentant l'intérêt de 8 mois à 4 pour cent l'an. Les pièces centralisées à Strasbourg furent livrées à l'atelier de Paris.

Au mois d'avril 1852, les pièces de 25 centimes remises aux ateliers de Paris et de Bordeaux s'élevaient à la somme de 4.900.000 francs et la Banque de France en avait encore en dépôt pour plusieurs centaines de mille francs. La fabrication totale n'ayant pas dépassé le chiffre de 7.671.101'25, on jugea qu'il ne devait rester qu'un très petit nombre de pièces de 25 centimes dans la circulation. En conséquence, un décret du 30 de ce mois fixa au 1ᵉʳ octobre suivant l'époque à laquelle ces pièces cesseraient d'avoir cours légal et forcé pour leur valeur nominale entre les particuliers. Elles devaient être reçues, pour cette même valeur nominale, dans les caisses publiques en payement des contributions publiques de toute nature jusqu'au 31 décembre 1852 inclusivement.

Le solde des pièces de 25 centimes rentrées au Trésor en vertu de ces dernières dispositions, et représentant une valeur de 1.312.240 francs, fut versé, comme matière et au prix du tarif, au change de la Monnaie de Paris, pour être converti, jusqu'à concurrence de 300.000 francs, en pièces de 2 francs, 1 franc et 20 centimes et, pour le surplus, en pièces de 5 francs. Ce versement porta le retrait à 6.202.985'75, chiffre auquel il a été définitivement arrêté dans les comptes de l'administration des finances.

Ces mêmes comptes résument ainsi qu'il suit les résultats financiers de l'opération, peu compliquée, du retrait des pièces de 25 centimes :

Valeur nominale des pièces retirées de la circulation. . . . . . . 6.202.985'75
Valeur des mêmes pièces au tarif. 6.041.304 11
La perte pour le Trésor ressortirait à . . . . 161.681'64

Mais cette perte doit être diminuée d'une somme de 115.668ᶠ96, représentant la différence entre la valeur nominale et la valeur au tarif des 4.700.000 francs que le directeur de la Monnaie de Paris a payés d'après cette valeur nominale, en compensation de la jouissance de huit mois d'intérêts qui lui avait été accordée. Cette somme de 115.668ᶠ96 a été portée en recette au crédit du compte des frais de trésorerie, auquel avait dû être imputée, faute d'un crédit spécial ouvert au budget, la dépense totale de 161.681ᶠ64. Grâce à cet expédient qui ne coûtait rien au Trésor, puisqu'il ne retire aucun intérêt des sommes qu'il dépose en compte courant à la Banque, la perte supportée par l'État, du fait de la démonétisation des pièces de 25 centimes, s'est réduite en réalité à 46.012ᶠ08, soit à moins de 1,35 pour cent de la valeur nominale des pièces retirées de la circulation.

V

Retrait des pièces d'or de dix francs du diamètre de 17 millimètres et des pièces d'or de cinq francs du diamètre de 14 millimètres.

L'article 2 du décret du 3 mai 1848, qui a créé la pièce d'or de 10 francs, premier multiple décimal de l'unité monétaire, en avait fixé le diamètre à 18 millimètres. On s'aperçut trop tard que ce diamètre était celui de la pièce de 50 centimes. En conséquence, le gouvernement porta à 19 millimètres le module de la pièce d'or de 10 francs dans le programme du concours ouvert, au mois de mai 1848, pour la gravure du type des monnaies de la République.

Il avait déjà été frappé pour 17 millions environ de pièces de 10 francs du module de 19 millimètres, lorsque la proclamation de l'Empire amena un nouveau changement du type de nos monnaies. La pratique avait fait reconnaître que le peu d'épaisseur de la pièce de 19 millimètres faisait obstacle à la sûreté et à la beauté du monnayage; que, de plus, ce module ne s'éloignait pas assez de celui de la pièce de 20 francs. Pour remédier à ce double inconvénient, un décret du 12 janvier 1854 modifia une seconde fois le diamètre de la pièce de 10 francs et le réduisit à 17 millimètres.

Ce même décret du 12 janvier 1854 prescrivait la création de pièces d'or de 5 francs du module de 14 millimètres. Cette création n'avait pas pour objet, comme celle de la pièce de 10 francs, de combler une lacune dans la série décimale de nos monnaies, puisque la pièce de 5 francs existait déjà en argent; elle répondait à un besoin tout momentané et devait suppléer à l'insuffisance bien constatée, disait-on, de cette dernière pièce.

La fabrication de la nouvelle monnaie d'or de 5 francs, favorisée par l'abondance des arrivages au change, fut poussée avec activité; elle atteignit, pour 1854 seulement, près de 18 millions; mais quand on voulut mettre ces monnaies en circulation, le public se montra peu empressé à les accepter, à cause de leur exiguïté. Un décret du 7 août 1855 tenta de corriger ce défaut, en élevant le diamètre de la pièce d'or de 5 francs à 17 millimètres et en reportant à 19 millimètres celui de la pièce de 10 francs.

Aux termes des articles 3 et 4 de ce décret, les pièces de 10 francs fabriquées au module de 17 millimètres étaient démonétisées. Elles devaient être admises pour leur valeur nominale : dans les départements, aux caisses des receveurs généraux ; à Paris, à la caisse centrale du Trésor, seulement jusqu'au 15 octobre 1855. Passé cette époque, elles ne pouvaient plus être reçues qu'au change des Monnaies de Paris et de Strasbourg et au poids comme matière.

Dès le mois de juin 1855, tous les comptables publics avaient reçu l'ordre de retenir les pièces de 10 francs du diamètre de 17 millimètres et de les centraliser, par l'intermédiaire des receveurs particuliers et des receveurs généraux, à la Banque de France ou à la succursale de Strasbourg. Les pièces ainsi centralisées devaient être versées, celles en dépôt à la Banque, au change de la Monnaie de Paris et, celles déposées à la succursale de Strasbourg, au change de la Monnaie de cette dernière ville, pour être converties en pièces de 20 francs.

Le retrait des pièces d'or de 10 francs du diamètre de 17 millimètres était terminé au 15 octobre 1855, date fixée par le décret de démonétisation. Sur une fabrication constatée de 48.589.920 francs, il était entré au change des Monnaies :

	Valeur nominale.	Valeur au tarif.	Différence.
Paris. . .	22.623.120ᶠ	22.571.799ᶠ77	51.320ᶠ23
Strasbourg	7.760.800	7.741.702 30	19.097 70
	30.383.920ᶠ	30.343.502ᶠ07	70.417ᶠ93

Par conséquent, la démonétisation des pièces d'or
de 10 francs au diamètre de 17 millimètres a coûté
à l'État 70.417ᶠ93.

La substitution, pour le monnayage des pièces
d'or de 5 francs, du module de 17 millimètres à
celui de 14 millimètres rendait nécessaire la démonétisation des pièces frappées à ce dernier module.
Cette démonétisation a été commencée par la
Banque de France. En effet, les pièces de 5 francs
du diamètre de 14 millimètres, repoussées par le
public, étaient venues s'accumuler dans ses caisses
à mesure de leur émission. Au mois de juillet 1855,
la Banque en avait en réserve pour 4.400.000 francs.
Ne voulant pas laisser cette somme sans emploi,
elle demanda et obtint l'autorisation de la faire convertir à ses frais en pièces de 20 francs : cette conversion lui a coûté 12.349ᶠ38.

Le gouvernement se décida, au mois de mai 1857,
à suivre l'exemple de la Banque de France. En exécution d'instructions conformes à celles auxquelles
avait donné lieu en 1855 le retrait des pièces de
10 francs, les comptables durent retenir les pièces
de 5 francs du diamètre de 14 millimètres et les
verser, par l'entremise de la Banque ou de la suc-

cursale de Strasbourg, au change des Monnaies de
Paris et de Strasbourg, chargées de les convertir
en pièces de 20 francs. Ces conversions dépassaient,
pour une fabrication totale de 22.492.940 francs,
le chiffre de 13 millions, lorsque la démonétisation
des pièces de 5 francs au diamètre de 14 millimètres a été prononcée par un décret du 19 février
1859.

Ce décret n'a provoqué la rentrée que de
1.700.000 francs environ et la valeur nominale des
pièces de 5 francs en or démonétisées s'est trouvée
portée définitivement à. . . . . .   14.983.710ᶠ »

Ces mêmes pièces n'ayant été
admises au change des monnaies
que pour 14.928.349 08

Il en est résulté une différence
de. 55.360ᶠ92
mais si on déduit les 12.349 38

que la Banque a pris à sa charge,
on arrive au chiffre de. 43.011ᶠ54
comme montant de ce qu'a coûté à l'État la démonétisation des pièces de 5 francs en or du diamètre
de 14 millimètres. Cette perte, aussi bien que celle
de 70.417ᶠ93 réalisée sur la démonétisation des
pièces de 10 francs, a été imputée au compte de
trésorerie.

Le retrait des pièces d'or de 5 francs, pas plus que

celui des pièces de 10 francs, n'a le caractère des trois autres démonétisations dont nous nous sommes occupé jusqu'ici. Tandis que ces dernières ont toutes eu pour objet de réaliser une amélioration dans le sens du système décimal, ces deux retraits ont tendu uniquement à réparer des erreurs commises dans le règlement d'une des conditions essentielles de l'émission de pièces parfaitement décimales, et ces erreurs ont coûté, soit à la Banque de France, soit au Trésor, 125.778ʼ85. On voit par là combien il importe que tout ce qui touche au monnayage soit traité avec circonspection et maturité.

La même réflexion peut s'appliquer à la création même de la pièce d'or de 5 francs. De 1854 à 1866, on avait cherché à donner à l'émission de cette pièce une extension considérable, puisque sa fabrication ne s'est pas élevée à moins de 208 millions. On voulait ainsi suppléer à la pièce de 5 francs en argent, dont la hausse survenue sur le prix du métal argent avait arrêté la frappe et provoqué l'exportation. Mais, dès 1867, le métal argent cessait de faire prime et la fabrication des écus de 5 francs reprenait sur une large échelle, rendant inutiles les dépenses faites pour l'émission de monnaies d'une fabrication coûteuse, s'altérant rapidement par le frai, qui ne circulent presque plus aujourd'hui et encombrent les réserves de la Banque. Nous ne nous étendrons pas sur ce nouvel exemple des conséquences que peuvent avoir, en matière de monnaies, des mesures prises hâtivement, sous le coup de préoccupations passagères. Nous aurons occasion de traiter à fond ce sujet dans la dernière étude qui nous reste à faire, celle de la démonétisation des pièces divisionnaires d'argent au titre de 900 millièmes.

VI

Pendant longtemps la France, l'ancien Piémont et la Belgique avaient possédé un régime monétaire uniforme, tant pour la monnaie d'argent que pour la monnaie d'or. La Suisse y avait adhéré en 1850 pour la monnaie d'argent.

Ce régime, emprunté à la France, reposait sur le système décimal et sur l'emploi concurrent de l'or et de l'argent comme monnaie à force libératoire illimitée, d'après le rapport de 1 à 15 $\frac{1}{2}$ que la loi des 7-17 germinal an **XI** a établi entre la valeur des deux métaux.

Jusqu'en 1850 ce rapport de 1 à 15 $\frac{1}{2}$ s'était maintenu à peu près fixe. L'argent restait en France la monnaie usuelle ; les payements journaliers s'y effectuaient en pièces de 5 francs. L'or, plus rare et plus recherché à cause de sa commodité, gagnait une prime variable suivant les temps, mais toujours minime.

A partir de 1851, la découverte de nouveaux et abondants gisements aurifères en Californie et en Australie amena une grande quantité d'or sur les marchés européens. Ce métal tendit à se déprécier et l'argent fit prime à son tour. La spéculation exporta de France la monnaie d'argent et y importa de l'or.

Le gouvernement dut se préoccuper de ces symptômes. Une commission, dont M. Thiers devint le rapporteur, fut chargée, au mois de décembre 1850, de les étudier. Le travail de cette commission ne put aboutir au milieu des événements qui agitaient le pays.

Cependant l'écart de valeur entre l'or et l'argent s'accusait chaque jour davantage, et la spéculation, après avoir enlevé à la circulation une partie des pièces de 5 francs, commença à s'attaquer, on le croyait du moins, aux monnaies divisionnaires d'argent.

Une nouvelle commission fut nommée le 7 février 1857 pour rechercher les moyens d'empêcher cette émigration de l'argent. La majorité de cette commission, jugeant la situation encore trop incertaine, se prononça contre toute mesure radicale.

Elle se borna à conseiller l'élévation du droit de douane à la sortie de l'argent; mais cette mesure, peu efficace et contraire aux vrais principes économiques, ne fut pas adoptée, et l'argent continua de sortir de France pour aller principalement en Orient solder nos achats commerciaux.

Le vide produit dans la circulation par l'exportation des pièces de 5 francs d'argent avait pu être comblé par des émissions de pièces de 10 francs et de 5 francs en or ; on n'avait pas la même ressource pour les monnaies divisionnaires. Le gouvernement essaya d'un expédient. Avant l'adoption du titre de 835 millièmes pour ces monnaies, l'Administration imposait aux directeurs de la fabrication l'obligation de convertir en divisions de la pièce de 5 francs une portion[1] déterminée des matières d'argent versées au change par le commerce. Cette frappe courante de petites monnaies d'argent, qui suffisait à alimenter la circulation, avait cessé lorsque le public n'avait plus apporté que de l'or au monnayage. Le gouvernement, dérogeant alors aux règles ordinaires, fit convertir pour 22 millions de pièces de 5 francs d'argent en pièces divisionnaires; mais ces émissions passèrent inaperçues, soit qu'elles aient été insuffisantes, soit que les pièces neuves dont

---

1. La proportion, fixée d'abord à 1/40 de la fabrication totale, avait été élevée à 1/20 au moment où l'insuffisance des petites monnaies avait commencé à se faire sentir.

elles se composaient aient été en partie exportées, à mesure qu'elles étaient mises en circulation.

Cette tentative infructueuse fit penser au gouvernement, saisi d'ailleurs officiellement par le Sénat de l'examen de la question, que des mesures plus énergiques étaient nécessaires, et il chargea, le 15 juin 1861, une troisième commission de rechercher quelles pouvaient être ces mesures. Cette nouvelle commission reconnut la justesse des plaintes qui s'élevaient de toutes parts contre l'insuffisance des petites monnaies et qu'attestait une enquête faite à trois reprises différentes par l'administration des finances. D'accord avec la commission de 1857, elle attribuait cette insuffisance à deux causes ; d'abord à l'exportation qui aurait entraîné une partie de nos pièces divisionnaires et, naturellement, celles qui étaient le moins altérées par le frai ; puis au développement du bien-être général et des transactions de détail, qui rendaient nécessaire une plus grande émission de petite monnaie.

Dès lors, le remède indiqué et pour ainsi dire forcé était, suivant elle, de réduire la valeur intrinsèque de la monnaie divisionnaire de façon à la garantir contre l'exportation, et d'émettre une assez grande quantité de cette monnaie à valeur réduite pour satisfaire à tous les besoins de la circulation. En conséquence, la commission proposa d'abaisser le titre de nos pièces divisionnaires entre 800 et 850 millièmes. A l'appui de sa proposition, elle invoquait l'exemple de l'Angleterre, de la Hollande, des États-Unis, de la Suisse, de l'Italie, etc., qui avaient adopté, pour les petites coupures, des monnaies dont la valeur conventionnelle était supérieure à la valeur effective. Elle faisait valoir aussi la possibilité de refondre, sans dépense pour l'État, au moyen du changement de titre, les anciennes pièces usées et altérées par le frai.

Après des hésitations bien naturelles, le gouvernement, pressé par l'aggravation que la guerre civile d'Amérique avait apportée à la situation en nous obligeant à demander aux pays d'Orient, qui n'acceptent que l'argent, le coton nécessaire à l'alimentation de nos manufactures, se décida, en 1864, à appliquer le remède conseillé par la commission de 1861. Le 6 avril, il présenta au Corps législatif un projet de loi qui se résumait ainsi :

A partir de la promulgation de la loi, les pièces de 2 francs, 1 franc, 50 et 20 centimes, frappées dans les conditions déterminées par la loi du 7 germinal an **XI**, seraient retirées de la circulation. Un décret fixerait l'époque à laquelle ces pièces n'auraient plus cours légal (art. 1ᵉʳ). Il devait être fabriqué de nouvelles pièces de même valeur, de même diamètre et de même poids que les précédentes, mais au titre de 835 millièmes de fin (art. 2).

Le droit de fabrication était réservé à l'État, qui ne pouvait émettre que les quantités déterminées par la loi (art. 4). L'émission était limitée provisoirement à la valeur des pièces à retirer de la circulation, avec autorisation au ministre des finances de faire fabriquer un supplément de 25 millions, selon les besoins de la circulation (art. 6). Enfin les nouvelles pièces devaient être reçues par les caisses publiques sans limitation aucune; mais, entre particuliers, elles ne pouvaient être employées dans les payements, si ce n'est de gré à gré, que pour 20 francs et au-dessous (art. 5).

La nécessité de réduire la valeur intrinsèque des monnaies divisionnaires une fois admise, on pouvait y procéder de deux manières : par l'abaissement du titre ou par la diminution du poids contenu dans la pièce. Le résultat eût été le même dans les deux cas; mais la diminution du poids aurait détruit le rapport établi entre les petites monnaies et le système général des poids et mesures. De plus, elle aurait trop réduit le module des petites pièces et les eût rendues moins maniables et plus faciles à perdre. L'abaissement du titre était donc bien préférable à tous les points de vue.

Le titre de 835 millièmes avait été adopté : 1° comme assez bas pour prévenir les tentatives de refonte et d'exportation; 2° comme assez élevé pour ôter tout intérêt à une spéculation basée sur le bénéfice qu'aurait pu procurer la fabrication clandestine de pièces à titre réduit, identiques aux pièces légales ; 3° comme plus propre, au point de vue de l'alliage, à une bonne fabrication que celui de 800 millièmes ; 4° enfin comme n'enlevant à la valeur intrinsèque de la pièce que ce qu'il était nécessaire de lui ôter pour atteindre le but qu'on se proposait.

La réserve au profit de l'Etat du droit de fabrication et d'émission était la conséquence obligée de l'amoindrissement de valeur des nouvelles pièces. En principe, le droit de fabriquer les monnaies et de les marquer du sceau qui les rend légales appartient exclusivement à l'État ; mais l'État autorise les particuliers, propriétaires de lingots d'or ou d'argent, à les porter aux hôtels monétaires et à les faire convertir en espèces moyennant le payement d'un droit de fabrication. Cette faculté ne pouvait être étendue à des pièces qui devaient être frappées à un titre moins élevé que celui des écus de 5 francs ; la loi ne pouvait permettre aux particuliers de bénéficier de la différence de valeur. En subordonnant, d'ailleurs, à une autorisation législative l'exercice du droit reconnu à l'État, l'article 4 empêchait que les émissions pussent jamais dépasser les besoins de la circulation et prendre le caractère d'une mesure financière destinée à accroître les ressources du Trésor.

La double garantie stipulée par l'article 5 tendait à écarter les inconvénients qu'aurait pu entraîner la création d'une monnaie à titre réduit, puisque, d'une part, personne ne pouvait être contraint d'en recevoir trop à la fois et que, d'autre part, chacun pouvait verser aux caisses publiques toutes les quantités qu'il aurait reçues.

Le projet de loi présenté par le gouvernement fut approuvé dans toutes ses parties par la commission du Corps législatif, sauf en un point, le plus essentiel il est vrai. Cette commission proposa de n'abaisser au titre de 835 millièmes que les pièces de 50 et de 20 centimes. Elle avait été déterminée à cette restriction par un double scrupule : elle ne voulait pas abandonner sans nécessité absolue le franc à 900 millièmes d'argent fin, expression matérielle de notre unité monétaire ; elle croyait qu'une expérience partielle pouvait n'être pas sans avantage et que l'accueil fait par les populations aux nouvelles pièces donnerait des indications précieuses pour savoir s'il fallait aller plus loin ou s'arrêter.

Cette décision était sage ; mais elle faisait perdre en réalité toute son efficacité à la mesure. Le gouvernement y donna néanmoins son adhésion et la loi, amendée dans le sens que nous venons d'indiquer, fut votée sans discussion par le Corps législatif et par le Sénat. Aussitôt après sa promulgation [1], l'Administration se mit en devoir d'en assurer l'exécution, avec les tempéraments que comportait son caractère provisoire et incertain. Il fut décidé que le retrait des pièces de 50 et de 20 centimes au titre de 900 millièmes se ferait progressivement, en n'opérant d'abord que sur celles qui étaient altérées par le frai. Une circulaire ministérielle du 14 juillet prescrivit à tous les comptables de retenir ces dernières pièces et de les verser aux recettes des finances. Elles devaient ensuite être centralisées aux recettes générales pour être expédiées, soit à la Monnaie de Paris, soit à celles de Bordeaux ou de Strasbourg, par somme de 1.000 francs au moins. Ce minimum fut porté à 2.000 francs au mois de septembre et à 5.000 francs au mois de décembre suivant.

Un cahier des charges, arrêté le 22 août, avait réglé les conditions de la fabrication des nouvelles pièces de 50 et de 20 centimes. Aux termes de ce cahier des charges, les monnaies retirées de la circulation devaient être divisées en trois catégories : pièces antérieures au règne de Charles X ; pièces du règne de Charles X ; pièces frappées depuis 1830. Le titre des pièces de la première catégorie était fixé à 902/1000 d'argent et 1/1000 d'or ; celui des pièces de la deuxième catégorie à 902/1000 d'ar-

---

1. 25 mai 1864.

gent et 0,5/1000 d'or ; celui des pièces de la troisième catégorie à 900/1000 d'argent.

Les directeurs des trois hôtels appelés à concourir à la refonte étaient comptables de tout l'or et de tout l'argent fin contenus dans les pièces qui leur étaient versées, d'après les bases ci-dessus indiquées. La valeur de l'argent fin devait être calculée à raison de 222 fr. 22 par kilogramme, c'est-à-dire au prix du tarif sans retenue des frais de fabrication ; l'or fin, au contraire, devait être évalué en retenant les frais de fabrication, soit à raison de 3.437 francs par kilogramme. Il était alloué aux directeurs, pour frais d'affinage, un franc par kilogramme de matières aurifères et, pour frais de fabrication, 2'85 par kilogramme de pièces de 50 centimes et 4 francs par kilogramme de pièces de 20 centimes. Les frais de coins, ceux de pesage, de comptage et de vérification étaient à la charge des directeurs.

La fabrication ainsi réglée ne s'élevait encore, à la fin du mois de décembre 1865, qu'à 15 millions environ en pièces de 50 centimes et à 87.000 francs en pièces de 20 centimes, quand un fait d'une importance capitale vint modifier radicalement la situation. Nous voulons parler de la convention monétaire conclue le 23 décembre 1865 entre la France, la Belgique, l'Italie et la Suisse.

Nous avons constaté que la France, le Piémont et la Belgique avaient possédé un régime monétaire uniforme auquel la Suisse avait adhéré en 1850 pour la monnaie d'argent. Mais cette uniformité avait cessé d'exister. Pour se protéger contre l'exportation de l'argent, la Suisse, par une loi du 31 janvier 1860, avait réduit à 800 millièmes de fin le titre de toutes les monnaies inférieures à la pièce de 5 francs. L'Italie qui, dans sa nouvelle forme politique, avait adopté le système monétaire de l'ancien royaume de Sardaigne, avait suivi l'exemple de la Suisse et ordonné, par une loi du 22 août 1862, l'émission de pièces de 2 livres, 1 livre, 50 centimes et 20 centimes au titre de 835 millièmes. La Belgique n'avait encore rien changé à son système monétaire ; mais elle avait mis officiellement la question à l'étude. Enfin la France, par la loi du 25 mai 1864, avait adopté le titre de 835 millièmes pour les pièces de 50 centimes et de 20 centimes.

L'harmonie qui avait existé de 1850 à 1860 entre les quatre États limitrophes pour toutes les monnaies d'argent était donc rompue, et ce changement n'avait pu se réaliser sans exciter, au moins parmi les populations frontières, des regrets et des plaintes qui s'étaient fait jour auprès des gouvernements. Sur l'initiative de la Belgique, une conférence fut ouverte, à la fin de 1865, en vue de s'entendre sur les moyens de rétablir l'ancien accord, et cette conférence aboutit à la convention du 23 décembre 1865.

Après avoir posé en principe que la France, la Belgique, l'Italie et la Suisse se constituaient à l'état d'union monétaire et avoir déterminé, au point de vue de cette union, les types des monnaies d'or et des pièces de 5 francs d'argent, en les empruntant aux dispositions de la loi du 7 germinal an XI, de celle du 3 mai 1848 et du décret du 12 décembre 1854, cette convention régla, par son article 4, les conditions de la fabrication des pièces de 2 francs, de 1 franc, de 50 et de 20 centimes.

Le poids, la tolérance, le diamètre de ces différentes pièces restèrent conformes aux prescriptions de la loi de l'an XI et des autres lois ou règlements complémentaires ; le titre seul fut abaissé de 900 à 835 millièmes de fin.

Le même article 4, comblant une lacune de notre législation, détermina pour les monnaies divisionnaires, comme elle l'avait déjà fait dans ses articles 2 et 3 pour les monnaies d'or et pour celles de 5 francs d'argent[1], le degré d'usure passé lequel ces monnaies ne pourraient plus continuer de circuler. Les pièces divisionnaires devaient être refondues par le gouvernement qui les avait émises, lorsqu'elles auraient été réduites par le frai de

---

1. La tolérance de frai est, pour les monnaies d'or, de 5 millièmes et, pour les pièces de 5 francs d'argent, de 10 millièmes au-dessous de la tolérance faible de poids.

5 pour cent au-dessous des tolérances ou lorsque leurs empreintes auraient disparu.

L'article 5 fixait au 1ᵉʳ janvier 1869 l'époque à laquelle les anciennes pièces à démonétiser devaient être retirées de la circulation. Le délai était prorogé, pour la Suisse, jusqu'au 1ᵉʳ janvier 1878. La dépense, imposée au gouvernement helvétique par le relèvement de sa petite monnaie du titre de 800 à celui de 835 millièmes de fin, justifiait cette exception.

Des garanties mutuelles furent stipulées par les articles 6, 7 et 8 contre les inconvénients attachés à la circulation réciproque des monnaies divisionnaires à titre réduit. Les caisses publiques de chacun des États contractants devaient recevoir : 1° les pièces émises par l'État auquel elles appartenaient sans aucune limitation ; 2° celles émises par les autres États jusqu'à concurrence de 100 francs par payement. En outre, chacun des quatre États s'engageait à échanger toute quantité de petites monnaies par lui émises contre des pièces d'or ou de 5 francs en argent pour quelque somme que ce fût, sous la seule condition qu'il ne lui en serait pas présenté pour moins de 100 francs à la fois. Entre les particuliers, le cours légal n'existait que pour les monnaies nationales et ce cours légal était borné, pour les pièces divisionnaires, au maximum non plus de 20 francs, comme en 1864, mais de

50 francs. La convention n'avait pas voulu porter atteinte aux principes du droit commun, en créant un cours légal absolu pour les monnaies étrangères ; mais elle comptait sur l'identité des valeurs et la certitude de pouvoir toujours les placer dans les caisses publiques des quatre puissances pour en amener un cours mutuel, facile et régulier. De plus, la faculté accordée à chaque État de demander aux autres États l'échange de leurs pièces divisionnaires avait paru un moyen sûr de défendre la circulation intérieure contre une invasion trop grande des pièces étrangères.

L'article 9 avait pris, d'ailleurs, ses précautions contre une émission exagérée de monnaies divisionnaires, en limitant les quantités qui pouvaient être émises par chacune des puissances contractantes. Du moment que la monnaie divisionnaire est à un titre plus bas que celui des espèces supérieures dont elle représente le fractionnement et offre le caractère d'une monnaie fiduciaire, il faut que sa circulation soit limitée, pour prévenir la dépréciation qui pourrait résulter d'une émission trop abondante et dépassant les besoins. La conférence internationale, partant des données fournies par l'expérience, avait évalué à 6 francs par tête d'habitant la somme des petites monnaies que réclamaient les besoins généraux de la circulation. Sur cette base, l'émission était arrêtée : pour la

Belgique, à 32 millions; pour la France, à 239 millions; pou. l'Italie, à 141 millions; et, pour la Suisse, à 17 millions.

Le délai pour l'échange des ratifications avait été fixé au 23 juin 1866, sous réserve, pour chaque État, de l'accomplissement des formalités constitutionnelles qui lui étaient propres. La convention modifiant sur quelques points la loi du 7 germinal an XI et complétant les dispositions de la loi du 25 mai 1864, le gouvernement français dut faire approuver par une loi ces modifications à la législation intérieure de la Fance. Il présenta dans ce but au Corps législatif, le 24 mai 1866, un projet en cinq articles.

Le premier de ces articles se bornait à donner force de loi aux dispositions dérogatoires à la loi de l'an XI que contenait la convention de 1865. L'article 2 réglait les empreintes des nouvelles monnaies divisionnaires au titre de 835 millièmes. L'article 3 étendait aux pièces de 2 francs et de 1 franc la réserve du droit de fabrication et d'émission déjà faite au profit de l'État par la loi du 25 mai 1864 pour celles de 50 et de 20 centimes. Une somme de 3 millions était affectée aux dépenses que devaient nécessiter le retrait des anciennes monnaies et la fabrication des nouvelles (art. 4). Le ministre des finances devait rendre compte chaque année des résultats de cette double opération (art. 5).

La commission du Corps législatif chargée d'examiner ces dispositions les adopta toutes en principe; mais elle en modifia la rédaction. Jugeant que la loi gagnerait en clarté, si on y insérait textuellement les quatre articles de la convention seulement visés dans le projet du gouvernement, elle la remania en ce sens. En outre, la commission s'appliqua à définir nettement la portée de la loi nouvelle, en y introduisant deux amendements: le premier attribuait aux pièces de 2 francs, de 1 franc, de 50 centimes et de 20 centimes la dénomination de monnaie d'appoint; le second déclarait qu'il n'était pas dérogé aux dispositions de la loi du 7 germinal an XI qui définissent le franc et en font la base du système monétaire de la France. Toutes ces modifications furent acceptées par le gouvernement, et son projet, complété de la manière que nous venons d'indiquer, fut voté par le pouvoir législatif dans les mêmes conditions que la loi du 25 mai 1864, c'est-à-dire sans discussion et à l'unanimité.

La nouvelle loi, promulguée le 14 juillet 1866, fut notifiée dès le 27 du même mois aux trésoriers généraux des finances, et une circulaire du 31 leur traça la marche à suivre pour le retrait des pièces soumises à la refonte. Cette circulaire prescrivit de confondre dans une seule et même opération les anciennes pièces de 2 francs et de 1 franc et celles de 50 et de 20 centimes non encore démonétisées, en se conformant aux règles tracées en 1864 pour le retrait de ces dernières. En conséquence, tous les comptables durent retenir les pièces à démonétiser que le mouvement journalier des opérations amenait dans leurs caisses et les comprendre dans leurs versements au chef-lieu, soit du département, soit de l'arrondissement; mais les pièces centralisées à la trésorerie générale, au lieu d'être envoyées directement aux ateliers monétaires comme en 1864, furent expédiées, par somme de 5.000 francs au moins, à la Banque de France à Paris ou aux succursales de Bordeaux et de Strasbourg.

Les nouvelles monnaies devaient être dirigées sur les départements, au fur et à mesure de leur fabrication, par l'intermédiaire du caissier central du Trésor public et des trésoriers généraux du Bas-Rhin et de la Gironde. Dans les villes où il existait des succursales de la Banque, ces monnaies y étaient versées au compte du Trésor, pour en être retirées suivant les besoins de la circulation. Cette faculté de dépôt aux succursales et de retrait successif était une grande facilité de service pour les trésoreries générales. Une seconde circulaire du 10 septembre 1866 leur en accorda une nouvelle, en les autorisant à déposer aussi les pièces retirées de la circulation à la succursale de leur département, cette dernière restant chargée de les transmettre à l'atelier monétaire.

Un cahier des charges, approuvé par le ministre des finances le 31 juillet 1866, avait réglé les conditions du concours des trois hôtels monétaires. Ces conditions étaient les mêmes que celles qui avaient été adoptées en 1864 pour la refonte partielle des pièces de 50 centimes et de 20 centimes. Elles comportaient seulement une adjonction, celle du prix de fabrication des pièces de 2 francs et de 1 franc, réglé à 1 fr. 75 par kilogramme pour les premières et à 2 fr. 20 pour les secondes.

En vertu de l'article 3 de la loi du 14 juillet 1866, d'accord avec l'article 5 de la convention de 1865, les pièces divisionnaires au titre de 900 millièmes de fin devaient être retirées de la circulation au 1er janvier 1869. Cette date marquait le terme extrême de la démonétisation; elle n'empêchait pas de le rapprocher, si la situation des opérations le permettait, et c'est en effet ce qui se produisit. Au commencement du mois de juin 1868, le retrait des anciennes monnaies était assez avancé pour que l'époque de leur démonétisation pût être arrêtée définitivement. En conséquence, un décret du 17 de ce mois fixa au 1er octobre suivant la date à laquelle elles cesseraient d'avoir cours. Le même décret accordait jusqu'au 31 décembre pour les verser aux caisses publiques. De plus, du 1er octobre au

31 décembre 1868, elles purent être échangées
contre d'autres espèces : à Paris et dans le département de la Seine, à l'Hôtel des monnaies, à la
caisse centrale du Trésor public, à la recette centrale des finances, aux caisses des percepteurs-rece-
veurs des vingt arrondissements et des percepteurs
de la banlieue ; dans les autres départements, aux
caisses des trésoriers généraux, des receveurs particuliers des finances et des percepteurs.

On voit que les plus grandes facilités étaient
données au public pour se débarrasser des pièces à
démonétiser. Aussi leur rentrée put-elle être terminée aisément à la date prescrite par le décret du
17 juin 1868. Au 31 décembre de la même année,
il ne resta plus qu'à centraliser les dernières pièces
reçues par les caisses publiques, et cette centralisation était accomplie le 1er mars 1869.

À cette même date, la fabrication des pièces à
835 millièmes s'élevait à 165 millions environ,
somme inférieure de 5 millions à celles des pièces
retirées de la circulation et de 74 millions au maximum assigné à la France par la convention de 1865.
Or, si l'on veut bien se rappeler à quelles nécessités pressantes les lois de 1864 et de 1866 avaient
eu pour objet de pourvoir, il semble que le gouvernement devait avoir hâte d'atteindre ce maximum ;
mais deux causes étaient venues faire obstacle à
l'émission de la nouvelle monnaie : le retour de

l'argent sur notre marché presque au lendemain de la ratification de la convention de 1865; la concurrence que les pièces étrangères, principalement celles d'Italie, avaient faite aux nôtres en vertu du droit de circulation que cette convention leur avait reconnu. Cette concurrence avait pris de telles proportions en 1868 et en 1869 qu'il fallut ralentir, puis suspendre la fabrication de nos propres monnaies, pour ne la reprendre qu'après les événements de 1870 et 1871.

Ces conséquences, si peu prévues, de la convention de 1865 nous seraient une transition toute naturelle pour faire connaître notre opinion sur cet acte international; mais nous préférons finir d'abord l'historique de la refonte des pièces divisionnaires à 900 millièmes, en exposant ses résultats financiers, sauf à juger ensuite, en même temps que la convention, la loi du 25 mai 1864 qui l'a préparée.

La valeur nominale des pièces retirées de la circulation s'est élevée :

Pièces de 2 francs	66.514.496ᶠ »
Pièces de 1 franc.	71.743.430 »
Pièces de 50 centimes. . . .	29.396.510 »
Pièces de 20 centimes. . . .	2.795.840 60
Total.	170.450.276ᶠ60

L'État pouvait donc employer à la fabrication des

monnaies divisionnaires au titre de 835 millièmes
une valeur de plus de 170 millions en pièces à démonétiser; mais cet emploi n'a eu lieu que partiellement.

Voulant imprimer dès le début une grande activité à cette fabrication, le gouvernement avait
commencé par faire verser aux ateliers monétaires,
pour être convertie en pièces nouvelles, une somme
de 13.983.725 francs en pièces d'argent de 5 francs.
Plus tard, en 1866, il avait livré dans le même but
à ces ateliers des lingots qu'il avait achetés sur la
place de Paris et qui représentaient, au prix
d'achat, une valeur de 45 millions environ ; cette
somme de 45 millions, ajoutée aux 14 millions de
pièces de 5 francs précédemment versés et aux
160 millions auxquels avait été évaluée la masse de
monnaies divisionnaires restées dans la circulation
au moment du vote de la loi du 25 mai 1864, laissait encore une marge de 20 millions pour atteindre
le maximum fixé par la convention et par la loi du
14 juillet 1866 ; mais nous avons vu qu'on avait été
obligé, en 1868 et 1869, de ralentir et même de
suspendre la fabrication de nos nouvelles monnaies
divisionnaires. Il en est résulté que le Trésor s'est
trouvé à un certain moment possesseur d'un stock
considérable de vieilles monnaies, sans qu'il pût
prévoir l'époque à laquelle il lui serait permis d'en
faire emploi. Cette incertitude, jointe aux récla-

mations de la Banque de France, qui se plaignait de l'encombrement existant dans ses caisses, décida le gouvernement à vendre, à la fin de 1868 et 1869, toutes les pièces à démonétiser qui étaient en dépôt à la Banque ou dans ses succursales et qui représentaient une valeur nominale de 50.439.455 francs. Par contre, en 1871, lors de la reprise du monnayage, il dut, pour alimenter ce monnayage, procéder à de nouveaux achats de lingots pour 40 millions.

En résumé, le compte des matières livrées aux trois hôtels des monnaies pour être converties en pièces divisionnaires au titre de 835 millièmes de fin, s'est trouvé définitivement arrêté ainsi qu'il suit à la fin de l'année 1874 :

Valeur nominale des pièces
retirées de la circulation . . .   170.450.276'60
   A déduire :
Valeur nominale des pièces
vendues par le Trésor . . . .   50.439.455   »
         Reste. . . . .   120.010.821'60
   A ajouter :
Valeur nominale des pièces
de 5 francs versées aux ateliers
monétaires. . . . .   13.983.725   »
       A reporter. . . . .   133.994.546'60

Report.	133.994.546ʼ60

Valeur aux prix d'achat des lingots livrés à ces mêmes ateliers 86.054.837 28

La dépense à la charge de l'État ressort donc à. 220.049.383ʼ88

En regard de cette dépense on a comme produit de la fabrication en pièces à 835 millièmes :

Pièces de 2 francs.	79.116.084ʼ »
Pièces de 1 franc	102.975.552 »
Pièces de 50 centimes . . .	44.583.955 »
Pièces de 20 centimes . . .	2.504.728 60
	229.180.319ʼ60

A quoi il faut ajouter la valeur de l'or contenu dans les pièces frappées antérieurement à 1830, soit 934.985 43

Ce qui porte à . . . . . . 230.115.305ʼ03 le total des valeurs acquises au Trésor sur les opérations de la refonte.

Les valeurs livrées aux ateliers monétaires ne représentant que. . . . . 220.049.383 88 l'excédent des premières sur les secondes est de 10.065.921ʼ15

Report. 10.065.921ᶠ15

Si on déduit les frais de toute
nature occasionnés par la re-
fonte, soit[1]. 5.325.318 47

le bénéfice de l'opération reste
définitivement de. 4.740.602ᶠ68

Bien que la convention de 1865 lui eût accordé
le droit de fabriquer pour 239 millions de monnaies
divisionnaires, le gouvernement français avait jugé
prudent d'arrêter cette fabrication dans le courant
de l'année 1874 et de clore le compte spécial des
opérations engagées en vertu des lois des 25 mai 1864
et 14 juillet 1866; ce sont les résultats de ce compte
spécial que nous venons d'indiquer. Mais une
clause de la nouvelle convention, conclue le 5 novembre 1878 entre les cinq États signataires de
l'engagement de 1865, ayant augmenté le contingent de fabrication assigné à chacun d'eux et porté
celui de la France à 240 millions, notre gouvernement s'est décidé, en 1881 et 1882, à faire procéder à une nouvelle fabrication de monnaies divisionnaires. Cette nouvelle fabrication s'est élevée,
savoir :

1. Les frais de fabrication des pièces divisionnaires à 835 millièmes sont compris pour 2.530.572ᶠ52 dans le chiffre de
5.325.318ᶠ47.

Pièces de 2 francs. . . . . . .   2.028.000ᶠ »
Pièces de 1 franc . . . .   2.010.000   »
Pièces de 50 centimes 3.855.304 50

    Ensemble 7.893.304ᶠ50

Par suite, l'émission des monnaies divisionnaires
françaises à titre réduit a été porté au chiffre total
de 237.053.624 fr. 10 ainsi réparti :

Pièces de 2 francs. . . . . .   81.144.084ᶠ »
Pièces de 1 franc . . . . . .   104.985.552   »
Pièces de 50 centimes 48.439.259 50
Pièces de 20 centimes 2.504.728 60

    Total égal. 237.073.624ᶠ10
et il reste au Trésor français une
marge de 2.926.375 90

pour atteindre le contingent de .   240.000.000ᶠ »

Les comptes généraux de l'administration des
finances ne contiennent aucun renseignement sur
les conditions auxquelles ont été effectuées les opérations de transformation, d'achat et de vente dont
nous avons parlé dans l'exposé qui précède, et la
disparition dans l'incendie du ministère des éléments de comptabilité afférents au service de trésorerie fait craindre que la situation ne puisse

jamais être exactement établie sous ce rapport. Nous avons pu y suppléer, en ce qui concerne les 50.439.455 francs de pièces démonétisées qui ont été vendues par le Trésor, au moyen de données fournies par les archives de l'Administration des monnaies. Nous avons constaté que la perte, c'est-à-dire la différence entre la valeur nominale de ces pièces et leur prix de vente, avait été de 1.975.767 francs, qui se trouvent compris dans les frais de la refonte ; mais nous n'avons pu établir le décompte des 86.054.837 fr. 28 de lingots employés à la fabrication, ni déterminer par conséquent dans quelle mesure cette dernière nature d'opération a pu accroître ou diminuer le bénéfice de 4.740.602ᶠ68 que fait ressortir notre exposé.

En le considérant comme acquis et à le prendre dans son ensemble, ce bénéfice doit être regardé comme très satisfaisant et l'opération du remplacement des monnaies divisionnaires d'argent à 900 millièmes de fin ne soulèverait aucune critique, si on n'envisageait que son côté financier ; mais, jugée à un point de vue plus général, elle apparaît comme un expédient inopportun et qui a eu de très regrettables conséquences ; c'est ce que nous allons essayer de démontrer.

Et d'abord, puisque la loi du 7 germinal an XI, qui fait du franc la base et le fondement de tout notre système monétaire, le définit un poids de cinq

grammes d'argent à neuf dixièmes de fin, on ne
peut nier que le franc actuel ne répond plus à la
définition de la loi. On a, il est vrai, rappelé le
principe dans la loi du 14 juillet 1866 et déclaré
dans l'exposé des motifs que l'unité monétaire continuerait de se réaliser en fait dans son quintuple,
la pièce de 5 francs en argent, qui conserve le
titre de 900 millièmes de fin. Ces déclarations ne
suffisent pas à mettre la réalité d'accord avec le
principe, et le maintien du quintuple du franc au
titre de 900 millièmes ne détruit pas l'exactitude du
fait que nous avons énoncé, à savoir que le franc
de la circulation n'est plus le franc de la loi; autrement dit que l'unité monétaire a cessé d'avoir sa
représentation matérielle dans notre circulation
métallique. Tous les raisonnements du monde
n'empêcheront pas non plus que l'abaissement du
titre n'ait fait perdre au franc son caractère de monnaie réelle, pour le réduire au rôle de simple monnaie de confiance et à cours limité, alors que ce
rôle devrait être réservé exclusivement aux monnaies de bronze, parce que ces dernières monnaies
sont les seules dans lesquelles il y ait impossibilité
pratique d'équilibrer la valeur nominale et la valeur
réelle.

L'exemple tiré de l'Angleterre et des autres États
qui ont l'étalon d'or porte à faux; car ces États, en
réduisant la valeur de leurs monnaies divisionnaires,

ne se sont pas mis en contradiction avec leur législation monétaire. Quant à l'Italie et à la Suisse, si elles ont comme la France l'étalon d'argent, leur situation était bien différente de la sienne quand elles ont réduit la valeur des pièces inférieures à 5 francs.

La première de ces puissances, obligée d'unifier les monnaies des États dont elle avait unifié les territoires, a cherché dans cette réduction le moyen de réaliser une ressource que la situation précaire de ses finances lui rendait précieuse. La Suisse, elle, qui n'émet que des pièces divisionnaires d'argent ou de billon et, en quantité infime, des pièces de 5 francs, qui n'a pas à proprement parler de circulation métallique, la Suisse a pu changer en 1860 le titre de ses petites pièces d'argent, sans léser aucun intérêt ni violer aucun principe; mais la France n'avait pas la position dégagée de la Suisse et elle n'était pas poussée par les mêmes mobiles intéressés que l'Italie. Elle était donc tenue à plus de réserve et ne devait sacrifier, même partiellement, son régime monétaire qu'à bon escient, c'est-à-dire pour obéir à une nécessité évidente ou pour procurer à notre pays d'incontestables avantages. Or les faits sont là pour prouver que le sacrifice aurait pu être évité et qu'il a été suivi, non pas d'avantages, mais d'inconvénients très réels.

Quelle a été, en effet, la cause déterminante de

la loi du 25 mai 1864 et, plus tard, de la convention
de 1865? La hausse du métal argent, hausse qui
aurait provoqué la disparition non seulement des
pièces de 5 francs, mais de la monnaie divisionnaire
indispensable aux transactions de chaque jour. Or
la convention était à peine signée que déjà cette
cause avait cessé d'exister. Le courant qui empor-
tait l'argent vers l'Asie était arrêté et ce métal nous
revenait avec abondance, bientôt même avec excès.
Les pièces divisionnaires italiennes, chassées par
le cours forcé, envahissaient notre circulation et
cette invasion prenait de telles proportions que les
caisses du Trésor et, par contre-coup, celles de la
Banque éprouvaient de sérieux embarras, malgré
la suspension de nos propres émissions.

Ces embarras s'atténuaient pendant la guerre,
pour reprendre quand le numéraire or et les pièces
d'argent de 5 francs ont fait leur réapparition. Ils
étaient devenus si grands en 1878 que la France,
d'accord avec ses alliés monétaires, a été obligée de
conclure avec l'Italie un arrangement aux termes
duquel les pièces divisionnaires de ce pays, évaluées
à 100 millions sur une émission totale de 141 millions, ont dû être retirées de la circulation dans les
autres États et cesser d'y avoir cours à partir du
1er janvier 1880. Le prétexte mis en avant pour
colorer cette mesure a été de faciliter à l'Italie le
retrait de ses petites coupures de papier; mais elle

a fourni en réalité à la France le moyen de débarrasser ses caisses publiques[1] de monnaies à bas
titre qui les encombraient. Pour atteindre ce but, il
a fallu accorder au gouvernement italien des facilités que la convention de 1865 n'avait pas prévues ;
le gouvernement français a dû centraliser les monnaies divisionnaires italiennes retirées de la circulation en France, en Belgique et en Suisse, et les
rendre au Trésor italien en lui accordant d'assez
longs délais pour les rembourser.

Ainsi, douze ans à peine après la signature de la
convention, on était forcé de restreindre, à l'égard
d'une des parties, l'application de sa clause essentielle, celle qui accordait le cours réciproque des
monnaies à titre réduit ; mais cette convention avait
eu une autre conséquence que l'accumulation dans
nos caisses publiques des pièces divisionnaires italiennes. En se constituant à l'état d'union monétaire,
la France, la Belgique, l'Italie et la Suisse s'étaient
engagées à accepter sans restriction aucune dans ces
mêmes caisses les pièces d'or et les pièces de 5 francs
d'argent frappées par chacun des États concorda-
taires. Or quand, vers la fin de l'année 1873, l'Allemagne a commencé de démonétiser l'argent, ce

---

1. Les monnaies divisionnaires italiennes retirées de la circulation et rendues au Trésor italien se sont élevées, pour la France
seulement, à 70,731,467ᶠ30. (*Bulletin de statistique* du mois de
juin 1880).

métal, sous la menace de cette démonétisation, a
subi une dépréciation qui l'a fait affluer en quantité
anormale aux hôtels des monnaies de Paris, de
Bruxelles et de Milan. Pour se prémunir contre cet
afflux anormal de l'argent, les gouvernements
belges et français en ont limité la fabrication ; mais,
par l'effet de la solidarité établie entre les quatre
pays réunis par la convention de 1865, la précaution
prise en Belgique et en France restait inefficace
aussi longtemps qu'un des États associés gardait la
faculté de fabriquer indéfiniment des écus pour les
introduire dans les autres États de l'union. D'où la
nécessité d'une entente entre les quatre États,
entente qui s'est traduite au mois de janvier 1874
par une convention additionnelle, limitant pour
chaque État la quantité de pièces de 5 francs d'argent à frapper dans le courant de l'année. Cette
convention additionnelle a été renouvelée en 1875
et 1876, pour aboutir en 1878 à la suspension complète du monnayage des pièces de 5 francs, et ce
monnayage ne pourra être repris qu'à la suite d'un
accord unanime entre les quatre États.

Ce résultat, si nécessaire, n'a pas été obtenu sans
beaucoup de difficulté. Lorsqu'on se reporte aux
discussions de la conférence de 1878, discussions
qui ont abouti à la prorogation de l'union monétaire
jusqu'au premier janvier 1886, on est frappé de la
divergence de vues qui s'y est produite et l'on est

amené à reconnaître que l'impossibilité de liquider la situation, c'est-à-dire de faire reprendre à chaque État les pièces de 5 francs à sa marque qui circulent dans les autres États, a seule empêché la rupture de l'union. Ce dénouement forcé fournit un argument de plus contre la convention de 1865. Il prouve la faute que la France a commise, en liant au point de vue de la circulation métallique son sort à celui d'autres puissances et en se rendant ainsi solidaire des embarras monétaires, financiers ou économiques que pouvaient éprouver ces puissances, faute sans compensation; car les pièces d'or et d'argent françaises étaient admises au pair en Belgique, en Italie et en Suisse longtemps avant la convention de 1865, et l'on cherche vainement ce que cette convention pouvait ajouter à la facilité de circulation que ses qualités intrinsèques assurent à notre monnaie. Aussi appelons-nous de tous nos vœux le moment où la France reprendra sa liberté d'action et se bornera à proposer son système monétaire à l'imitation des autres peuples, sans chercher à en forcer l'adoption par le moyen compromettant des unions monétaires.

DEUXIÈME PARTIE

ADMINISTRATION MONÉTAIRE

DE

LA FRANCE

CHAPITRE PREMIER

Ancienne organisation.

Nous avons décrit les diverses phases par lesquelles le système monétaire a passé, en France, pour arriver à sa constitution actuelle, en remontant jusqu'aux réformes de 1726 et de 1785. Pour compléter l'étude que nous avons entreprise sur l'ensemble de nos institutions monétaires avant et depuis 1789, nous essayerons, dans cette seconde partie, de tracer un tableau aussi fidèle que possible de l'organisation administrative qui a présidé à l'exécution des règlements sur les monnaies pendant cette période de notre histoire. Nous commencerons par un exposé sommaire de la situation au moment de la Révolution.

I

Il existait, en 1789, dix-sept hôtels ouverts à la fabrication des monnaies[1]. Dans chacun de ces hôtels, un directeur-trésorier particulier recevait du public ou par l'entremise des changeurs, et payait comptant, aux prix fixés par les tarifs et avec les fonds que lui fournissait le Trésor royal, les monnaies décriées, lingots et espèces étrangères qu'il était chargé de convertir en monnaies courantes. Deux juges-gardes surveillaient les opérations du directeur. Un contrôleur contre-garde, un essayeur, un graveur, qui tous exerçaient en titre d'office comme les directeurs-trésoriers particuliers et les juges-gardes, des monnayeurs, des ajusteurs complétaient le service de l'atelier monétaire.

Un trésorier général, un essayeur général, également en titre d'office, un graveur général, un inspecteur général, un garde des archives, commissionnés, étaient attachés à l'administration des

1. Ces dix-sept hôtels étaient établis à Paris, Rouen, Lyon, la Rochelle, Limoges, Bordeaux, Bayonne, Toulouse, Montpellier, Perpignan, Orléans, Nantes, Marseille, Metz, Strasbourg, Lille et Pau.

monnaies, qui se composait du premier président, du procureur général et des conseillers commissaires de la Cour des monnaies.

La Cour des monnaies dirigeait l'ensemble du service monétaire sous l'autorité du contrôleur général des finances et du Conseil royal[1]; mais elle avait, seule, le jugement définitif des fabrications. Les deux juges-gardes faisaient analyser par l'essayeur de leur Monnaie les espèces provenant d'une même fonte, qui étaient émises d'après leur jugement provisoire. Un certain nombre d'échantillons, prélevés au hasard sur la masse des pièces fabriquées, étaient envoyés à Paris au garde des archives. A la fin de chaque année, l'essayeur général essayait ces échantillons et la Cour fixait, par une déclaration en forme de jugement, le titre définitif de toutes les fabrications. Cette déclaration servait de base pour arrêter la comptabilité des directeurs-trésoriers particuliers, qui était centralisée par le trésorier général et formait les éléments des comptes qu'il avait à rendre au Conseil royal et à la Chambre des Comptes.

Indépendamment de son action administrative sur les travaux monétaires et du jugement des fa-

---

1. Les affaires concernant les monnaies étaient suivies, au contrôle général, par un *premier commis chargé de la partie des monnaies* et, au conseil royal, par un *commissaire du conseil pour la législation et le contentieux des monnaies*.

brications, la Cour des monnaies avait un droit de police et de juridiction, exclusif ou partagé, sur tout ce qui touchait non seulement au monnayage et à la circulation des espèces, mais encore au commerce et à l'emploi des métaux précieux. Ce droit de police et de juridiction était exercé, dans les provinces, par les juges-gardes qui formaient, sous la présidence d'un général provincial et avec l'assistance d'un procureur du roi, d'un greffier et d'huissiers, le tribunal chargé de juger, en première instance et sauf appel à la Cour, toutes les infractions aux règlements. Les seize Monnaies de province en plein exercice avaient, chacune, cette juridiction du premier degré; quinze autres Monnaies[1], où les ateliers de fabrication avaient été supprimés, l'avaient conservée; à Paris, elle était dévolue à un tribunal formé du premier président, du procureur général et du greffier en chef.

Telle était, considérée dans son ensemble, l'organisation monétaire avant 1789. Nous allons essayer d'en faire comprendre le mécanisme, en examinant successivement chacun de ses rouages.

---

1. Les quinze juridictions conservées étaient celles de Caen, Tours, Angers, Poitiers, Riom, Dijon, Reims, Troyes, Amiens, Bourges, Grenoble, Rennes, Besançon, Nancy et Aix.

II

Ce n'est guère qu'à partir du xiv⁰ siècle que l'organisation des Monnaies commença à présenter une forme à peu près régulière. Au centre, trois *généraux maîtres* dirigeaient et surveillaient l'ensemble des opérations. Ces généraux maîtres, qui déjà cumulaient des fonctions administratives et judiciaires, furent séparés, en 1358, des maîtres des comptes et des trésoriers des finances, avec lesquels ils avaient formé jusque-là un seul corps. Sous le nom de *Chambre des monnaies*, ils constituèrent un tribunal spécial relevant du Parlement de Paris.

En 1359, le nombre des généraux maîtres fut porté à huit et on leur adjoignit un clerc. Deux de ces généraux, en qualité de commissaires, faisaient des tournées dans les provinces et rendaient compte à la Cour de leurs inspections.

Charles VII créa un office de procureur du roi ; François I⁰ʳ ajouta un président et deux généraux maîtres à la Chambre des monnaies, qui se trouvait composée de dix généraux et d'un président, lorsque Henri II l'érigea en cour souveraine par un édit de janvier 1551.

Cette Cour hérita de toutes les attributions administratives et judiciaires qu'avait eues la Chambre des monnaies, avec l'accroissement de pouvoir et d'indépendance que lui conférait le caractère souverain attribué à sa juridiction. Ces attributions, ainsi agrandies, embrassaient :

L'enregistrement des édits, déclarations, lettres-patentes et règlements sur le fait des monnaies;

La surveillance de toutes les opérations se rattachant à la fabrication; la préparation et la mise en vigueur des tarifs pour l'admission au change des matières et des espèces étrangères d'or et d'argent;

Le jugement définitif, d'après les *deniers de boîtes*, des fabrications;

Un droit exclusif et absolu de police et de juridiction, tant au civil qu'au criminel, sur les officiers et agents des Monnaies pour tout ce qui se rapportait à l'exercice de leurs fonctions. Ce droit s'étendait aux corporations dont les membres employaient ou travaillaient les métaux précieux : affineurs, orfèvres, batteurs et tireurs d'or et d'argent, etc. Il comportait : l'homologation et l'enregistrement des statuts de ces corporations, des brevets de maîtrise, des contrats d'apprentissage; les prestations de serment; l'insculpation des poinçons; le droit de visite et de saisie chez tous les justiciables, etc. ;

La poursuite et la punition de toutes les infractions aux règlements sur les monnaies, sur la marque des ouvrages d'or et d'argent, sur le trafic et l'emploi des métaux précieux;

La connaissance et le jugement, en concurrence avec les autres juges, des délits ou crimes d'altération et de contrefaçon des monnaies;

Enfin la Cour des monnaies, dont les officiers jouissaient des mêmes privilèges et immunités que ceux des autres cours souveraines, statuait sur les appels des jugements rendus en première instance par les généraux provinciaux et les juges-gardes.

Tous les droits et privilèges accordés par Henri II aux officiers de la Cour des monnaies leur furent confirmés par ses successeurs. Louis XIII créa[1] pour le service de cette Cour, sous le nom de Prévôté générale des monnaies, un corps spécial de maréchaussée, qui comprenait, au moment de son abolition, un prévot général, six lieutenants, douze exempts et quatre cents cavaliers. Par édit de mars 1719, Louis XV ajouta la noblesse aux autres prérogatives dont jouissaient les officiers de la Cour des monnaies.

Dans cet intervalle de cent soixante années, la composition de la Cour des monnaies avait subi de nombreux changements, inspirés le plus souvent par une pensée purement fiscale. On créait de nom-

---

1. Édit de juin 1635.

breux offices pour les vendre; on les supprimait
après les avoir créés, en augmentant la finance des
offices conservés; puis, on les créait de nouveau.
Le service rendu alternatif, biennal, triennal redevenait ordinaire.

En 1789, la Cour des monnaies, dont l'influence
jalouse du Parlement de Paris avait tendu inces-
samment à restreindre l'action judiciaire, pendant
que la rivalité de la Chambre des comptes et l'ingé-
rance toute-puissante du Contrôle des finances limi-
taient de plus en plus son action administrative, la
Cour des monnaies conservait, en apparence, toutes
ses anciennes attributions; mais elle avait beaucoup
perdu de son importance réelle. Pourtant, elle restait encore composée d'un premier président, de six
présidents, de trente conseillers, d'un procureur
général, de deux avocats généraux, de deux substituts du procureur général, d'un greffier en chef,
sans parler des membres honoraires, au nombre de
plus de vingt, et des offices ou emplois subalternes :
commis-greffier, receveur des amendes, huissiers,
secrétaire du premier président, du procureur général, etc... On se demande quelle pouvait bien être
l'occupation de ces quarante-trois présidents, conseillers, procureurs et avocats généraux, substituts;
et on comprend la vivacité avec laquelle Mirabeau,
dans son mémoire sur la constitution monétaire,
attaque la multiplicité des officiers de « l'inutile »

Cour des monnaies. La lecture des décisions et arrêts de cette Cour depuis le commencement du xviii° siècle n'est pas faite pour diminuer cette impression fâcheuse ; car on n'y voit guère traité que des questions de forme et d'étiquette.

Mais nous ne nous attarderons pas davantage sur la juridiction de la Cour des monnaies de Paris et de ses officiers provinciaux[1]. Nous avons hâte d'arriver à ce qui est le véritable objet de notre travail, c'est-à-dire à l'exposé des opérations et des fonctions exclusivement monétaires. Cet exposé nous fournira, d'ailleurs, l'occasion de montrer dans quelle mesure l'action administrative de la Cour des monnaies continuait à s'exercer.

III

Dès l'année 689 il y avait, dans chaque atelier où se fabriquait la monnaie, un *maître* préposé à cette fabrication, et un ou plusieurs *gardes* chargés de contrôler les opérations de ce maître.

---

1. Louis XIV avait créé, en 1704, une seconde Cour des monnaies à Lyon. Cette seconde cour fut supprimée par l'édit d'août 1771.

L'existence des maîtres et des gardes des Monnaies est attestée par ce passage du titre d'Alain, duc de Bretagne, que cite Boizard : *Quod magis est dolendum, qualiter magistri et custodes monetarum nostrarum se male gesserunt.* Mais l'honneur d'avoir organisé les Monnaies est communément attribué à Charles le Chauve et à son édit de Piste du mois de juillet 854. Jusque-là, les rois avaient eu dans leurs palais une Monnaie particulière, qu'ils transportaient à leur suite quand ils voyageaient. L'édit de Piste établit des ateliers fixes dans un certain nombre de villes et pourvut ces ateliers de maîtres et de gardes.

A l'origine, les généraux maîtres nommaient à tous les emplois particuliers des Monnaies. Ce droit leur est formellement reconnu dans l'édit de Philippe-Auguste, de juillet 1214, qui a créé en titre d'office des gardes, contre-gardes, essayeurs, tailleurs et monnayeurs; mais en 1426, Charles VII s'attribua la nomination à tous ces offices et cette nomination est toujours restée depuis à la couronne, sauf pendant un court intervalle. Henri II avait décidé, en 1548, que les officiers des Monnaies seraient commissionnés par les maires et échevins des villes où étaient établis les ateliers. Cette tentative ayant donné de mauvais résultats, Henri III, par édit de juillet 1581, rendit héréditaires les offices de gardes, contre-gardes, essayeurs et tailleurs, et la couronne reprit son droit de nomination ou de confirmation.

Les officiers attachés à la fabrication jouissaient de privilèges moindres que les officiers de juridiction, mais encore fort étendus. Indépendamment des gages de leur office, ils touchaient des taxations proportionnées à la quantité d'espèces fabriquées, par conséquent au travail auquel ils avaient participé. Les officiers de la Cour des monnaies eux-mêmes étaient rémunérés par des taxations sur les espèces qu'ils jugeaient.

Aussi loin qu'on puisse remonter, on trouve l'affermage pratiqué pour la fabrication des monnaies. Un arrêt de Charles IX, de 1566, porte que les monnaies seront « baillées à ferme, pour six ans au plus à celui qui voudra se charger de faire la plus grande partie de l'ouvrage. »

Les fermiers ou maîtres recevaient du public ou des changeurs, au prix déterminé par les tarifs, les matières d'or et d'argent et les convertissaient en espèces. Généralement ils s'engageaient, dans leur bail, à fabriquer une quantité fixe de marcs et à payer au roi un droit de *seigneuriage* proportionné à cette quantité, qu'elle fût fabriquée ou non. S'ils frappaient davantage, ils devaient le même droit proportionnel sur l'excédent ; on appelait *faifort* cette sorte d'engagement. D'autres fois le fermier n'était tenu de payer le droit qu'en raison du

nombre de marcs qu'il s'était obligé à fabriquer,
quel que fût le chiffre de sa fabrication réelle ; il y
avait alors marché à *forfait*. Dans les deux cas, les
fermiers devaient compte de toute la quantité de
matière fine qu'ils avaient reçue. Par conséquent,
les faiblages de poids et les *echarcetées d'aloy*[1] pro-
fitaient au roi et venaient accroître le produit du
droit de seigneuriage. Il était alloué aux maîtres,
pour toute rétribution, un droit fixe de brassage
par marc fabriqué. En outre, l'État leur fournissait les ateliers, ainsi que les machines et les outils qu'exigeait le monnayage.

Jusqu'en 1645, les monnaies avaient été affermées,
dans les conditions que nous venons de rappeler, en
vertu de baux particuliers. Ces baux étaient préparés par le Conseil royal des finances ; mais l'adjudication était faite en la Cour des monnaies au plus
offrant et dernier enchérisseur. Une ordonnance du
8 mai de cette année substitua aux baux particuliers un bail général au profit de Jacques Loumeau,
à la condition qu'il installerait le *monnayage au
moulin* dans les hôtels des monnaies et qu'il payerait annuellement 70.000 livres pour le droit de
seigneuriage. Ce bail général, consenti pour neuf
années, fut révoqué dès 1647. On revint aux baux
particuliers, puis en 1662 encore au bail général.

---

1. Termes employés pour désigner les faiblages de titre.

Ce second bail général avait été passé, aussi pour neuf années, avec Denis Genisseau, bourgeois de Paris, moyennant une redevance annuelle de 102.000 livres. Comme le précédent, il fut révoqué avant son expiration. Un arrêt du conseil[1], inspiré par Colbert, décida qu'à l'avenir les monnaies seraient fabriquées aux frais du prince, « le roi aimant mieux, dit l'arrêt, employer le revenu qu'il pourrait tirer de la ferme générale que de le laisser entre les mains des fermiers qui, au lieu de travailler à la conversion et à la fabrication des espèces, ne songeaient qu'à billonner et à transporter hors du royaume celles qui étaient décriées. » C'était un changement complet de système : la régie aux risques du roi remplaçait le fermage et sa redevance fixe.

Un sieur Claude Thomas fut établi directeur général de cette régie, avec pouvoir de se procurer l'or et l'argent existant dans le royaume ou arrivant de l'étranger, pour le faire monnayer par des commis à ses ordres. Un second arrêt du 27 mai 1666 désigna les villes où la fabrication aurait lieu, fixa les prix auxquels les matières seraient payées aux changes et au régisseur, et régla la proportion des louis et des doubles louis à fabriquer. Le même arrêt disposa que le titulaire ne pourrait être

---

1. Du 28 janvier 1666.

recherché pour sa gestion, « attendu qu'il ne
l'acceptait que par ordre du roi, et sans aucune
condition que de recevoir ce qui lui plairait d'ordonner pour ses appointements. » En conséquence,
dans chacun des ateliers désignés, un directeur,
commissionné par le sieur Thomas, acheta les matières et les fabriqua avec les fonds et pour le
compte du roi. Le directeur général surveillait cette
manutention, dont il devait rendre compte au Conseil. Les officiers des Monnaies ne cessèrent pas d'y
exercer leur contrôle. La Cour des monnaies continua aussi le jugement des deniers de boîtes dans
la forme ordinaire ; mais le Conseil annula ses
jugements, en déchargeant les directeurs de toutes
les condamnations qu'elle put prononcer contre
eux.

Cet essai de régie ne fut pas heureux[1]. Un bail
général, consenti pour six années à Vincent Fortier
moyennant 100.000 livres par an, lui fut substitué
le 28 septembre 1672. Pas plus que les deux précédents, ce bail ne put arriver à son terme. Un nouveau
fermier général, du nom de Lucot, remplaça, le
4 septembre 1674, Vincent Fortier. La redevance
était élevée, pour chacune des trois années de son

---

1. Malgré la clause qui le mettait à l'abri de toutes recherches,
Claude Thomas fut traduit, par arrêt du conseil de juillet 1673,
devant la Chambre des comptes ; mais la Cour des monnaies re-
vendiqua l'affaire et prononça contre lui des condamnations dont
il fut exonéré plus tard.

bail, à 630.000 livres contre remise de partie des
faiblages de titre et de poids. Ce bail paraît avoir
donné lieu à de graves malversations; car nous
relevons, à la date du 4 décembre 1683, un arrêt du
conseil qui condamne le sieur Lucot à restituer un
million au Trésor royal. A son expiration, on ne
trouva personne qui voulût en prendre la suite, et
il fallut revenir à la régie. Un sieur de la Live, déjà
chargé de la perception des droits de contrôle sur
les ouvrages d'or et d'argent, fut mis à la tête de
cette seconde régie, avec le titre de directeur général qu'avait eu Claude Thomas, mais à des conditions différentes. Le prix à payer au régisseur par
marc de matières ne fut plus fixé; le sieur de la Live
devait, pour chaque marché, prendre les ordres du
contrôleur général des finances, c'est-à-dire de
Colbert[1], qui avait espéré ainsi éviter les inconvénients de la première régie.

Cette nouvelle expérience dura cinq années,
pendant lesquelles il fut fabriqué, principalement
avec des monnaies décriées, pour 67 millions d'espèces, qui occasionnèrent une dépense de plus de
800.000 livres. Une autre mesure importante, également inspirée par Colbert, la suppression des
droits de seigneuriage et la mise à la charge du roi
des frais de brassage[2], explique cette dépense et son

1. Arrêt du conseil du 16 novembre 1677.
2. En 1679, Colbert voulant attirer le numéraire en France, fit

chiffre élevé. Un arrêt du Conseil du 18 décembre 1683 remplaça le sieur de la Live « qui avait été constitué prisonnier » par un sieur Rousseau. Un second arrêt du même jour prouve qu'on aurait voulu, cette fois encore, revenir à la ferme générale et qu'on était disposé à abandonner la régie, dès qu'on pourrait trouver un soumissionnaire. On s'y tint cependant jusqu'au jour où l'édit de juin 1696 vint réformer le service monétaire et le constituer, au moins dans les ateliers de fabrication, sur les bases où nous le voyons en 1789.

Cet édit créait en titre d'office formé et héréditaire, un directeur-trésorier général, un contrôleur général; des directeurs-trésoriers particuliers et, en remplacement des contre-gardes qui étaient supprimés, des contrôleurs contregardes. Un autre édit de 1705 retira au directeur général le titre de trésorier général et l'attribua, avec les fonctions qui y étaient attachées, à un officier de nouvelle création.

En conséquence, à partir de 1705, le directeur général resta seulement chargé de conduire et de surveiller, avec l'assistance du contrôleur général,

affranchir, à l'exemple de l'Angleterre, de tous frais de seigneuriage et de brassage les versements faits aux hôtels des monnaies (Déclaration du 28 mars 1679). Cet état de choses dura dix ans. Il fut supprimé par édit de décembre 1689, et on revint à l'ancien système d'une retenue sur les matières apportées au monnayage. Ce système n'a pas cessé d'être appliqué jusqu'à nos jours, sauf pendant trois mois en l'an IV, en vertu d'une loi du 4 frimaire de la même année, qui fut abolie le 26 germinal suivant.

le travail de la fabrication dans tous les hôtels des monnaies. Il recevait directement du Contrôle général des finances les ordres concernant la distribution des avances aux directeurs-trésoriers particuliers, l'emploi des espèces fabriquées, le règlement des dépenses, etc., et pourvoyait à leur exécution. Tous les mois, il remettait au Contrôle général des finances et au Conseil royal un état du travail et des fonds de chaque Monnaie. Il arrêtait les comptes annuels des directeurs-trésoriers particuliers avant de les remettre au trésorier général. Il pouvait, quand il le jugeait convenable, se faire représenter les écritures et vérifier les caisses de tous les officiers des Monnaies. Enfin, en vertu d'un édit de 1717 qui lui avait attribué le titre de conseiller, le directeur général était appelé au conseil des finances, chaque fois qu'il s'y traitait une affaire ayant rapport aux monnaies.

La principale fonction du trésorier général consistait à centraliser les opérations de recette et de dépense de tous les ateliers de fabrication, et à en rendre compte. Il avait, avec chaque directeur-trésorier particulier, un compte courant, qu'il suivait au moyen de bordereaux mensuels que lui envoyaient ces directeurs. Il attirait à lui leurs excédents disponibles et acquittait, avec ces excédents, les dépenses assignées sur sa caisse ou leur donnait la destination prescrite par le Contrôle général des finances. Il dressait, d'après ces mêmes bordereaux mensuels, l'état que le directeur général devait fournir chaque mois au Contrôle général et au Conseil royal.

Le contrôleur général veillait sur tout le travail des Monnaies ; il était tenu au courant de ce travail par les contrôleurs contregardes, qui lui adressaient, à la fin de chaque mois, un bordereau des matières portées au change et mises à la fonte, des espèces passées en délivrance et de toute la dépense. Le contrôleur général visait les quittances, rescriptions et lettres de change que le trésorier général tirait sur les directeurs-trésoriers particuliers et en tenait registre ; il visait également et vérifiait les comptes que chacun de ces directeurs rendait au trésorier général.

La substitution de la régie à l'entreprise avait eu pour conséquence la création d'une administration centrale, relevant directement du Contrôle général des finances et du Conseil royal, et à laquelle était confié le soin de diriger les opérations monétaires, d'en surveiller la marche et d'en rendre compte. Cette triple fonction avait été concentrée entre les mains du directeur général ou régisseur. L'édit de 1696 avait maintenu ce système, sauf qu'un officier spécial était adjoint au nouveau directeur général pour diriger, sous son autorité, le contrôle matériel des opérations dans chaque atelier de fabrication. L'édit de 1705 le modifia, au contraire, en attribuant à un second officier la centralisation et la reddition des comptes. On avait pensé fortifier l'action administrative et le contrôle par cette division d'attributions ; mais les résultats n'ayant pas répondu à cette attente, on supprima les offices de directeur général et de contrôleur général, et il ne restait plus, en 1789, des créations de 1696 et de 1705, que le trésorier général, les directeurs-trésoriers particuliers et les contrôleurs contre gardes.

En vertu de l'édit de juin 1696, les directeurs-trésoriers particuliers qui se trouvaient substitués aux anciens maîtres de l'affermage et aux directeurs commissionnés de la régie, devenaient, chacun pour son atelier, les entrepreneurs comptables de la fabrication. Ils étaient tenus : 1° de faire le change des matières et espèces d'or et d'argent aux prix des tarifs arrêtés par la Cour des monnaies ; 2° de convertir, à leurs frais et risques, ces matières et espèces en monnaies courantes ; 3° de prendre en charge les espèces passées en délivrance ; 4° d'acquitter toutes les dépenses concernant le service de leur Monnaie ; 5° de rendre compte chaque année de leur gestion au trésorier général.

Comme tous les autres pourvus d'office, les directeurs-trésoriers particuliers avaient dû *financer*, c'est-à-dire verser une somme importante au Trésor royal pour acquérir la propriété de leur charge. Tous les ans, ils touchaient la rente ou *gages* de cette finance, d'après des états dressés au Conseil royal. En dehors de ces gages, leur rémunération consistait dans les droits de brassage, que l'édit de juin 1696 avait fixés : à 5 sols par marc d'or et d'argent; à 6 sols par marc de sols ou douzains et à 4 sols par marc de liards, le tout sur le pied net passé en délivrance. En outre, il leur était alloué, pour les déchets que laisse le travail de conversion des matières en monnaies : 1 once 4 gros sur 100 marcs d'or; 4 onces 1/2 sur 100 marcs d'argent; 6 marcs sur 100 marcs de sols et 10 marcs sur 100 marcs de liards. Moyennant ces droits et allocations qu'ils portaient en dépense dans leurs comptes, les directeurs-trésoriers particuliers devaient payer leurs commis [1] et leurs ouvriers, entretenir les fourneaux, moulins, coupoirs, outils et ustensiles qu'ils avaient reçus de l'État, et fournir les chevaux qui faisaient marcher les moulins. La réparation et le remplacement des corps de balanciers, coupoirs et laminoirs usés par le travail restaient, seuls, à la charge de l'État.

Les directeurs-trésoriers particuliers tenaient deux comptes distincts, l'un des matières indiquant le fin reçu au change et son emploi, l'autre des espèces

1. L'édit de 1696 avait accordé aux directeurs, en outre des droits de brassage et des déchets, 3 deniers par marc d'or, d'argent et de sols ou douzains réformés, pour leur tenir compte des appointements qu'ils pourraient payer aux commis auxiliaires préposés au change des anciennes espèces déclarées hors cours.

relatant l'entrée des pièces fabriquées et leur sortie.
Les écritures d'entrée étaient passées d'après les
procès-verbaux que les juges-gardes de chaque
Monnaie dressaient, à mesure des délivrances, avec
le concours du directeur, du contrôleur contregarde, du graveur et de l'essayeur. Les poids et
les titres constatés par ces procès-verbaux servaient
à établir provisoirement le compte du fin employé
aux fabrications. Les échantillons ou deniers de
boîtes qu'avaient réservés les juges-gardes étaient
envoyés, en fin d'année, à la Cour des monnaies
qui les faisait peser et essayer par l'essayeur général.
D'autres pièces des mêmes émissions, reconnais-
sables au millésime, à la lettre qui distinguait chaque
Monnaie et à la marque propre à chaque directeur,
étaient prélevées au hasard dans la circulation et
soumises aux mêmes épreuves. La Cour jugeait,
d'après tous ces éléments, les comptes des directeurs et fixait la somme dont chacun d'eux se trouvait définitivement redevable envers le Trésor royal
à raison des faiblages de poids et de titre. Les
comptes individuels, réglés conformément à ses
arrêts, venaient alors former les comptes généraux
que le trésorier général rendait : celui des matières
à la Chambre des comptes, celui des espèces au
Conseil royal.

IV

Nous avons vu qu'une des fonctions des directeurs-trésoriers particuliers était de faire le change
des matières et espèces d'or et d'argent destinées
au monnayage. Ils avaient pour auxiliaires, dans
cette partie de leur tâche, les changeurs disséminés
sur toute la surface du royaume de manière à
mettre partout le change à la portée du public.

Le premier règlement connu sur le change et les
changeurs remonte à Philippe le Bel. Son ordonnance du mois de février 1304 concentrait leurs
opérations à Paris sur le Grand-Pont, du côté de la
Grève, entre la grande arche et l'église Saint-Leu-
froy. Par un règlement du 12 mars 1356, le roi Jean
ordonna que les changeurs seraient nommés par les
maires ou échevins et, dans les villes où il n'y
aurait ni maire ni échevin, par quatre ou six des
prud'hommes notables bourgeois. Ils exerçaient
alors en vertu de lettres qui leur étaient expédiées
par les généraux maîtres des Monnaies; un édit de
1555 les érigea en office.

Un nouvel édit du mois de mai 1580 limita le
nombre de ces offices et obligea les titulaires à

verser tous les ans aux hôtels des monnaies une quantité fixe de marcs, proportionnée à la population de la ville où ils étaient établis. Faute de remplir cette obligation, ils devaient payer au roi l'équivalent du droit de seigneuriage sur chaque marc manquant.

Une déclaration du 19 décembre 1581 leur accorda des privilèges, qui leur furent confirmés par l'édit de juin 1696. Ces privilèges consistaient dans l'exemption du logement des gens de guerre, des tutelles, curatelles et autres charges publiques.

L'édit de juin 1696 enjoignit aux changeurs de tenir un registre de toutes les matières et espèces qui leur seraient apportées et de les envoyer à l'hôtel des monnaies le plus proche de leur résidence. Il leur était défendu de vendre et de remettre en circulation rien de ce qu'ils auraient reçu au change.

Deux arrêts du conseil des 30 juin 1697 et 16 septembre 1721 interdirent à toutes personnes autres que les changeurs de faire le change, à peine de 3.000 livres d'amende, dont moitié pour le dénonciateur. Un règlement du 7 janvier 1716 leur prescrivit d'avoir leur bureau sur la rue et de le tenir ouvert, tous les jours non fériés, depuis sept heures du matin jusqu'à six heures du soir en hiver et depuis six heures du matin jusqu'à huit heures du soir en été. Ils devaient avoir de justes et bonnes balances, avec le poids de marc et les divisions

étalonnées sur le poids original de France qui était
déposé à la Cour des monnaies ; le tarif et l'évaluation des espèces, vaisselles et matières d'or et
d'argent ; des cisoires, tasseaux, coins et marteaux.
Ils étaient tenus de cisailler les espèces et de difformer les vaisselles et matières qu'on leur apportait. Cette dernière prescription a été renouvelée
par un arrêt du 2 septembre 1758, qui ordonnait
de punir comme billonneur tout changeur chez qui
on trouverait des ouvrages d'orfèvrerie non cisaillés,
autres que ceux à son chiffre. Le même règlement
défendait aux changeurs d'avoir des fourneaux
propres à fondre ou à faire essai ; de former
aucune société avec des personnes travaillant l'or
et l'argent, et d'exercer les fonctions de leur office
sans avoir prêté serment.

Il leur était prescrit de faire coter leurs registres
par les officiers de la Cour des monnaies ou par
les juges-gardes et, à défaut, par le plus prochain
juge royal. Ils devaient inscrire sur ces registres
la qualité, la quantité et le poids des objets qui leur
étaient apportés, avec les nom, prénoms et demeure
de ceux qui les apportaient et le prix qu'ils les
payaient. Deux édits, de mars 1702 et janvier 1705,
les obligeaient à représenter tous les six mois ces
registres au contrôleur contregarde de la Monnaie à
laquelle ils versaient le produit de leur recette, pour
en faire la vérification et les arrêter, et à les déposer

à la fin de chaque année au greffe de cette même Monnaie. Il était attribué au contrôleur trois livres par chaque vérification, payables par les changeurs.

La quotité des droits alloués aux changeurs et leur mode de perception ont été fréquemment modifiés. La dernière fixation est du 26 décembre 1771. Un arrêt du Conseil, daté de ce jour, porte qu'à l'avenir « les changeurs pourront se faire payer par le porteur ou propriétaire des matières et des espèces vieilles ou étrangères, pour droits de change, avances de leurs fonds et frais de transport desdites matières aux hôtels des monnaies, savoir : 1 denier pour ceux des changeurs qui sont établis dans les villes où il y a un hôtel des monnaies ; 3 deniers pour ceux au delà, jusqu'à la distance de dix lieues ; 4 deniers pour ceux au-dessus, jusqu'à vingt-cinq lieues ; 5 deniers pour ceux au-dessus jusqu'à quarante lieues ; et 6 deniers pour ceux au-dessus, à quelque distance qu'ils se trouvent, le tout pour livre des matières et espèces qu'ils changeront, sans pouvoir excéder lesdits droits, à peine de destitution. » Lors de la refonte des louis d'or, prescrite par la déclaration du 30 octobre 1785, ces droits furent réduits de moitié, à raison des opérations plus nombreuses auxquelles cette refonte devait donner lieu ; un arrêt du 22 mai 1789 les rétablit sur le pied de 1771, dès que la rentrée des anciens louis put être considérée comme terminée.

Presque toutes les dispositions qui précèdent restaient en vigueur en 1789. Il nous a paru utile de les rappeler, parce qu'elles font connaître les conditions dans lesquelles s'exerçaient les fonctions de changeur et les garanties dont ces fonctions étaient entourées. Elles montrent comment on avait essayé de suppléer à la surveillance matérielle et permanente que les contrôleurs contregardes exerçaient, dans chaque Monnaie, sur les opérations du change. Ces garanties furent-elles efficaces? Il est permis d'en douter et l'on peut supposer que la réglementation sévère à laquelle étaient soumis les changeurs ne les empêcha pas de suivre l'exemple des fermiers et de trafiquer des vaisselles, matières et espèces qui leur étaient apportées, quand ils trouvaient profit à le faire.

En 1789, il y avait 696 changeurs en exercice, dont 6 à Paris. Le plus grand nombre étaient pourvus d'office; les autres étaient seulement commissionnés par la Cour des monnaies.

V

Les monnaies se coulaient anciennement en lentilles. Au moyen d'une pince, on plaçait ces lentilles, préalablement rougies au feu, entre deux coins de bronze très dur, gravés au touret et enchassés dans une enveloppe de fer, sur laquelle on frappait avec le marteau.

La fabrication au marteau continua en France jusqu'au règne de Louis XIII, avec quelques modifications. Ainsi, on substitua des coins d'acier à ceux de bronze, ce qui permit le monnayage à froid ; ces coins furent gravés au burin et non plus au touret ; on aplanit le métal ou on le réduisit en feuilles, au lieu de le couler ; on tailla les pièces au ciseau ou à la cisoire, pour les arrondir et leur donner le poids.

Dès le commencement du xvie siècle, l'Allemagne avait appliqué la mécanique à la fabrication monétaire. Henri II, qui est considéré avec raison comme le créateur de la monnaie française, chargea Guillaume de Marillac d'aller étudier sur les lieux les machines allemandes, en compagnie d'un ouvrier habile, nommé Aubin Olivier. A la suite de cette mission, un atelier spécial fut établi, par lettres-patentes du 27 mars 1550, dans l'une des dépendances de l'ancienne résidence royale de la Cité, au logis dit *des étuves* à la pointe de l'île du Palais. L'outillage de cet atelier se composait de laminoirs, de découpoirs et de balanciers. Les laminoirs avaient été installés dans le bateau de la Gourdayne où le véronais Matteo del Nassaro, appelé en France par François Ier, avait fait établir, en 1534, un moulin pour polir les pierres précieuses. Ces laminoirs étaient mus par des roues hydrauliques ; de là le nom de *moulin* que l'on appliqua à la nouvelle fabrication et, par extension, à l'atelier où elle s'exécutait.

La surintendance de la nouvelle Monnaie fut donnée à Guillaume de Marillac, avec le titre de *conseiller* et *général des monnaies*. Un office de *maître-ouvrier-garde et conducteur des engins* fut formé au profit d'Aubin Olivier. L'exploitation du moulin fut affermée ; mais elle ne réussit pas. Deux fermiers s'y étant successivement ruinés, on ne trouva personne pour en prendre le bail après eux. La Cour des monnaies, hostile aux innovations comme tout corps privilégié, saisit avec empressement l'occasion d'en finir avec une réforme qui menaçait ses prérogatives et portait atteinte au droit des monnayeurs. En 1585, elle obtint d'Henri III un édit portant que « en la monnaie au moulin, on ne pourrait à l'avenir graver et fabriquer que toutes sortes de médailles antiques et modernes, pièces de plaisir et jetons. » Le même édit faisait défense de frapper avec les engins « aucune pièce ayant cours, soit d'or, d'argent et de billon. » Le monnayage au moulin continua donc dans l'atelier des étuves, devenu la Monnaie des médailles ; et le martelage, qui n'avait jamais cessé dans les ateliers monétaires, y reprit son empire incontesté.

En 1616 cependant, Nicolas Briot, graveur général et mécanicien habile, tenta de faire accepter,
pour la fabrication monétaire, de nouvelles machines,
qui n'étaient qu'un perfectionnement de celles
d'Aubin Olivier ; mais les mêmes intérêts coalisés,
qui avaient fait exclure en 1585 ces dernières des
hôtels des monnaies, empêchèrent la réussite des
tentatives de Briot, et cet artiste découragé passa
en Angleterre, où Charles Ier le nomma graveur de
ses monnaies et où il mourut en 1646. Dans l'intervalle, Warin, qui s'était vivement intéressé aux
inventions de Briot, dont il était mieux que personne à même d'apprécier l'utilité, Warrin, devenu
graveur général, avait réussi à écarter tous les obstacles, grâce à la protection du chancelier Séguier.
Dès 1640, il installa dans l'atelier de Paris, un outillage mécanique perfectionné d'après les plans de
Briot, et cet outillage fonctionna avec tant de succès
qu'en 1645, au commencement du règne de
Louis XIV, le monnayage au moulin fut substitué
à la fabrication au marteau dans tous les autres
Hôtels.

A l'époque où nous sommes arrivés, les travaux
du monnayage se divisaient entre les ajusteurs et les
monnayeurs. Les premiers mettaient au poids les
flans préparés par des journaliers aux gages du
directeur, limant ceux qui étaient trop pesants et
rejetant les trop légers. Ils partagèrent ce travail

avec les *tailleresses,* lorsque ces dernières cessèrent d'arrondir les flans au ciseau à mesure que l'ajusteur les aplatissait. Les monnayeurs, dont le rôle avait été si important quand la fabrication s'exécutait au marteau, se bornaient, depuis que le monnayage au moulin lui avait été substitué, à placer successivement les flans ajustés sous la vis du balancier et à les retirer quand l'empreinte était frappée. Malgré le changement considérable que l'adoption du nouveau mode de fabrication avait apporté à leur travail, les ajusteurs et les monnayeurs avaient conservé leur ancienne constitution. Ils continuaient d'être réunis en une seule corporation, formant deux compagnies distinctes, qui avaient chacune son prévôt et son lieutenant, nommés pour leur vie à l'élection[1]. Un greffier, également à vie, et un syndic, qui n'exerçait que pendant trois ans, étaient pris alternativement dans l'une des deux compagnies.

L'élection des prévôts et des lieutenants se faisait en présence d'un conseiller de la Cour des monnaies et d'un des substituts du procureur général. Ils prêtaient serment, à Paris, à la Cour et, dans les autres villes, devant les officiers de leur juridiction. Les

1. Par édit de 1548, Henri II avait révoqué les prévôts électifs et créé, dans chaque Monnaie, un prévôt royal. Il attribua à ce prévôt royal les mêmes pouvoirs qu'avait le prévôt électif et, de plus, il lui accorda une juridiction analogue à celle des gardes. Henri III supprima les prévôts royaux par édit de juillet 1581.

prévôts recevaient les serments des greffiers et des syndics ; chacun d'eux était responsable des ouvriers de sa compagnie et devait compte aux juges-gardes des flans qu'ils recevaient pour en faire la répartition.

Les monnayeurs et les ajusteurs jouissaient, en vertu d'édits fort anciens et souvent confirmés, de privilèges qui les exemptaient de toutes impositions ordinaires ou extraordinaires, des droits d'entrée dans les villes, du péage, du logement des gens de guerre, des tutelles et curatelles, etc. ; mais de tous leurs privilèges le plus réel était celui qu'ils tenaient d'un édit de Philippe le Bel disposant que nul ne pourrait être reçu monnayeur, ajusteur et tailleresse « s'il n'était d'estoc et de ligne des anciens monnayeurs. » Ce dernier privilège s'est maintenu jusqu'en 1789 ; mais il faut croire que les bénéficiaires étaient devenus fort peu nombreux ou qu'ils étaient peu empressés à user de leur droit, car un arrêt du conseil du 28 octobre 1755 déclare déchus ceux qui par « leur naissance auraient droit aux places de monnayeurs, ajusteurs et tailleresses et qui ne se feraient pas recevoir dans l'année à compter du jour que leurs pères auraient quitté leurs charges ». Le salaire insuffisant que les ouvriers tiraient de leur travail dans la plupart des Monnaies explique la difficulté que les juges-gardes éprouvaient à les recruter, malgré le pouvoir qu'ils avaient de délivrer des commissions, quand les ajusteurs et monnayeurs de naissance manquaient. Nous trouvons cette explication dans des rapports de juges-gardes de 1755 et de 1756 ; ces mêmes rapports contiennent des renseignements intéressants sur l'état des personnes et sur les salaires des ouvriers employés dans les ateliers monétaires. Nous y lisons qu'à Nantes les fonctions de monnayeur et d'ajusteur s'étaient perpétuées dans trois ou quatre familles depuis l'origine de la Monnaie. Les titulaires étaient pour la plupart des laboureurs et des pêcheurs. Il y en avait pourtant qui tenaient le premier rang dans la bourgeoisie de la Ville. A Pau, tous les ajusteurs et monnayeurs étaient d'estoc et de ligne et « travaillaient assidûment quand ils étaient mandés ». Les uns et les autres avaient, pour tout salaire, 2 sols par marc d'or et 1 sol par marc d'argent passé en délivrance. A Troyes, les monnayeurs avaient 2 sols 6 deniers par marc d'or et 1 sol 3 deniers par marc d'argent. La prévôté des monnayeurs était en titre d'office et sa finance avait coûté 1.800 livres. Il en était de même à Rennes, mais le prix de l'office était de 4.140 livres. A Perpignan, les monnayeurs et les ajusteurs, au nombre de douze, étaient tous commissionnés.

Un arrêt de la Cour des monnaies, du 18 août 1751, montre que les exemptions de droit accordées aux ajusteurs et aux monnayeurs leur demeuraient acquises, mais il prouve aussi que ces exemptions étaient contestées. En effet, cet arrêt annule une décision des maires et échevins de la ville de Caen, qui avait compris dans le rôle de *l'ustensil* des ajusteurs, monnayeurs et tailleresses y tenant boutique. Il fallut une injonction de l'intendant des finances, M. d'Ormesson, pour que les maires et échevins de Caen tinssent compte de cet arrêt, et cette injonction, tout en reconnaissant le droit des demandeurs, en critiqua l'exercice. On est donc induit à penser que les privilèges dont les ouvriers des Monnaies avaient joui étaient déjà très compromis lors de leur suppression en 1790.

VI

L'existence des gardes des monnaies est aussi ancienne que celle des maîtres de la fabrication. Nous l'avons vue constatée par le titre d'Alain, duc de Bretagne, et définitivement consacrée par l'édit de Piste.

On retrouve les gardes dans la nomenclature des officiers des Monnaies dont Charles VII s'attribua la nomination. Avant lui, Charles V en avait fixé le

nombre à deux par Monnaie, un pour l'or, l'autre
pour l'argent. Leurs attributions, réglées par des
édits de François Iᵉʳ (1540), Henri II (1554) et
Louis XIV (1689), étaient fort étendues.

Les gardes avaient la police de tous les ateliers; ils
veillaient à ce que les maîtres ne se servissent que
de poids étalonnés sur celui de la Cour des monnaies
et de balances justes; ils surveillaient les affinages
et les fontes; ils vérifiaient les flans fabriqués par le
directeur et en faisaient la remise au prévôt des
ajusteurs et des monnayeurs; ils recevaient du
graveur les carrés [1], reconnaissaient s'ils étaient en
état et en surveillaient l'emploi; ils vérifiaient les
empreintes des espèces fabriquées; en faisaient
analyser un nombre déterminé par l'essayeur et,
après s'être assurés qu'elles étaient au titre et au
poids, en autorisaient la délivrance; ils constataient,
par un procès-verbal contresigné du directeur, du
contrôleur contregarde, du graveur et de l'essayeur,
le nombre, le poids et le titre des espèces passées
en délivrance. Ces procès-verbaux servaient à
établir le compte des fabrications; ils procédaient
à la mise en boîtes des deniers d'échantillons et
envoyaient, en fin d'année, ces boîtes, avec les
registres de délivrance, à la Cour. Enfin les gardes
vérifiaient périodiquement, et quand il leur con-

---

1. On appelait ainsi, à cause de leur forme, les coins qui servaient à marquer les empreintes.

venait, les livres et les caisses des maîtres ou directeurs de la fabrication.

Le contrôle des gardes, devenus plus tard les juges-gardes, s'étendait donc à toutes les opérations qui s'accomplissaient dans l'intérieur de l'atelier monétaire, puisqu'il embrassait les manipulations du directeur, celles du graveur, les analyses mêmes de l'essayeur et ce contrôle engageait réellement leur responsabilité. Nous trouvons en effet, à la date du 9 mai 1724, un arrêt du conseil qui condamne les juges-gardes de la Monnaie de Toulouse à 2.000 livres d'amende, solidairement avec le directeur, pour avoir passé en délivrance des espèces non calibrées et mal monnayées.

Les juges-gardes, dont les offices avaient été rendus héréditaires en 1581 par l'édit qui avait supprimé les prévôts royaux, avaient sous leurs ordres immédiats le contregarde, qui les suppléait dans toutes leurs fonctions, même dans celle de juge, lorsqu'il était gradué. En outre de cette suppléance, le contregarde, érigé en titre d'office formé et héréditaire par l'arrêt de juin 1696, sous le nom de contrôleur contregarde, avait, comme attribution spéciale, la surveillance directe du change et de la comptabilité du directeur. Il tenait registre, contradictoirement avec le directeur, de toutes les matières et espèces apportées au change et du produit de leur conversion en espèces ; il constatait le poids des matières, en arrêtait le compte, tenait la main à ce qu'elles fussent payées au prix du tarif, visait les billets souscrits par le directeur, quand le payement n'avait pas lieu comptant[1], enfin il rapprochait journellement ses écritures de celles du directeur pour en constater l'accord.

Indépendamment des deux juges-gardes et du contrôleur contregarde, il y avait, à la Monnaie de Paris, un contrôleur au change qui partageait avec ce dernier les attributions que nous venons d'énumérer, et un inspecteur du monnayage. Comme l'indique son titre, cet inspecteur surveillait la frappe des flans, sous l'autorité des juges-gardes.

1. La règle était que les matières apportées aux changes fussent payées comptant; mais le Trésor royal s'étant trouvé, à diverses époques, hors d'état de fournir aux Monnaies les fonds nécessaires, les directeurs furent autorisés à remettre aux porteurs leurs reconnaissances ou billets.

Nous avons eu occasion, dans la première partie de notre étude, de mentionner une autorisation semblable accordée, en 1759, pour 18 millions. Une émission de 173 millions de billets de monnaies avait eu lieu antérieurement, à l'occasion de la réforme monétaire ordonnée par édit du mois de septembre 1701.

Enfin, en 1789, les directeurs furent autorisés à payer le prix des vaisselles apportées aux changes en récépissés à six mois. Ces récépissés devaient être reçus comme comptant dans la contribution patriotique du quart des revenus et dans l'emprunt national..

VII

Les monnaies valant par la quantité de métal
précieux qu'elles renferment, de tout temps il a été
nécessaire, avant de les mettre en circulation, de
s'assurer qu'elles contenaient la proportion d'or ou
d'argent fixée par les règlements. Par conséquent,
à toute époque il a dû y avoir dans les ateliers monétaires un agent spécial chargé de cette constatation.
Nous nous abstiendrons de remonter à l'origine des
essayeurs et nous passons de suite à la description de
leurs opérations en 1789.

Alors, comme aujourd'hui, les matières qui
devaient servir à la fabrication étaient soumises à
un premier essai au moyen d'un léger prélèvement,
qu'on opérait sur le métal en fusion pour l'argent
et sur les barres provenant de la fonte pour l'or.
Ce premier essai était fait par l'essayeur particulier
du directeur, en présence des juges-gardes et sous
le contrôle de l'essayeur de la Monnaie. Ce dernier
essayeur opérait seul un second essai, après que
les espèces étaient fabriquées, et ce second essai servait à déterminer le titre des monnaies mises en
délivrance.

Le même procédé, dit de la *coupellation*, était employé pour les deux essais. Ce procédé, qui reste en usage pour l'or, consiste à tenir l'alliage, dont on veut constater le titre, en fusion avec une certaine dose de plomb dans une coupelle très poreuse en phosphate de chaux. Le plomb, en s'oxydant, a la propriété d'absorber les métaux vils. Soumis au feu, il pénètre les pores de la coupelle, entraînant le cuivre avec lui. Le poids du métal qui demeure, comparé au poids primitif de l'alliage, fait ressortir le titre. Pour l'argent, le titrage s'obtenait de la façon peu compliquée que nous venons d'indiquer, sans aucune autre opération intermédiaire que des lavages ; mais pour l'or, qui a plus d'adhérence avec le cuivre, au lieu de le mettre simplement dans la coupelle avec le plomb, on y mêle de l'argent en proportion variable suivant le titre présumé de l'alliage. Quand le cuivre a pu être éliminé, grâce à l'argent ajouté, le métal restant est mis dans de l'eau-forte, d'abord étendue d'eau, puis pure, qu'on fait bouillir jusqu'à dissolution entière de l'argent. Le résidu solide est ensuite lavé et mis à recuire seulement jusqu'au rouge cerise. La différence des pesées, avant et après toutes ces manipulations, donne le titre de l'alliage.

L'opinion la plus générale fixe l'emploi de l'essai à la coupelle en France vers l'an 1300, sous Philippe le Bel. Ce procédé n'a d'abord été appliqué qu'à l'argent. Le traitement de l'or par voie de départ à l'acide nitrique paraît n'avoir été employé que deux cents ans plus tard. Antérieurement, on essayait l'argent en le passant au feu et on jugeait du titre par son plus ou moins de blancheur. Ce mode d'essai s'appelait *à la rature* ou *à l'échoppe*. Quant à l'or, l'essai s'en faisait simplement au touchau, procédé trop connu pour que nous ayons besoin d'en donner la description.

Des règlements généraux, préparés par la Cour des monnaies et arrêtés par le Conseil royal, traçaient minutieusement aux essayeurs la marche à suivre dans chacune de leurs opérations et leur prescrivait la forme dans laquelle les résultats de ces opérations devaient être constatés. Ces règlements les obligeaient à se pourvoir des acides qu'ils employaient au dépôt établi au siège de la Cour.

Les essayeurs étaient rendus responsables des erreurs de titre qu'ils pouvaient commettre. Lors de la vérification des deniers de boîtes par l'essayeur général, si le titre était trouvé *échars*, hors des remèdes, l'essayeur était condamné à une amende dont le chiffre était fixé arbitrairement. Dans ce cas, la Cour ordonnait toujours une seconde vérification, que l'on nommait *reprise d'essai*. On y procédait avec les mêmes formalités qu'à la première et en présence du directeur et de l'essayeur, ou eux dûment appelés en vertu d'une assignation qui leur était donnée à la requête du procureur général. Si, par les résultats de cette reprise d'essai, les deniers revenaient dans les remèdes de loi, on n'avait aucun égard aux premiers rapports. Dans le cas contraire, les amendes étaient maintenues et basées sur le titre de la pièce la plus écharse. L'article 9 de l'édit de septembre 1778 autorisait l'essayeur à demander qu'il lui fût permis de faire apporter ses propres peuilles, pour être essayées sous les yeux de la Cour, et il était déchargé de l'amende si ces peuilles se trouvaient dans les remèdes.

En traitant des attributions de la Cour des monnaies, nous avons rappelé qu'elle jugeait en dernier ressort les fabrications d'après les échantillons mis à part à mesure de la délivrance des espèces ; nous avons dit que chaque jugement était précédé d'un essai fait par l'essayeur général. L'exécution de cet essai, qui avait une grande importance, puisqu'il servait à régler définitivement le compte des directeurs, constituait la plus réelle des attributions de l'essayeur général, mais non la plus considérable : car il est bien évident que ce fonctionnaire exerçait, sinon directement, au moins comme le conseil de la Cour dans toutes les questions se rattachant aux essais, un contrôle permanent sur les opérations techniques des essayeurs particuliers. Ce contrôle s'étendait naturellement au dépôt d'acides établi au siège de la Cour des monnaies.

VIII

Les fonctions de graveur ou tailleur des monnaies, comme celles d'essayeur, remontent à la création même des ateliers monétaires : car, dès qu'on a commencé à frapper des monnaies, on n'a pu se dispenser de confier à des agents spéciaux la préparation des instruments destinés à les marquer.

Le graveur de chaque atelier exécutait, à l'origine, toute la série des travaux au moyen desquels s'obtiennent les instruments qui servent à imprimer sur les espèces métalliques la marque qui les rend légales. Lorsque des pièces nouvelles devaient être fabriquées, le graveur recevait des généraux maîtres des modèles dessinés sur parchemin ou frappés sur carte. Ces modèles purent suffire à maintenir une unité relative dans les types monétaires, tant que ces types restèrent composés d'emblèmes et d'ornements ; mais après l'importation italienne des effigies ou testons[1], la tâche de reproduire ces effigies dépassa la capacité des

1. Les premières monnaies à effigie furent frappées sous Anne de Bretagne, Louis XII et François Ier ; mais l'usage n'en devint définitif que sous Henri II, qui, par l'édit du 8 août 1548, ordonna que dorénavant la monnaie représenterait le buste du roi. Ce fut

orfèvres, horlogers et serruriers[1], qui tenaient, à titre héréditaire, les offices de tailleurs des monnaies. Une réforme devint nécessaire ; elle fut réalisée par Henri II, qui créa un office de graveur général au profit de Marc Béchot, élève de Matteo del Nassaro, par édit donné à Château-Thierry en 1547. La Cour des monnaies retarda le plus qu'elle put l'enregistrement de cet édit et l'admission de Marc Béchot ; mais elle dut s'exécuter, et un règlement du 3 mai 1557 fixa les attributions du graveur général et des graveurs particuliers.

Le graveur général était chargé de tailler les poinçons originaux et de graver les matrices de tous les types de monnaie ; il tirait avec ces matrices des poinçons de reproduction et soumettait le tout à la Cour des monnaies. Après s'être assuré de la bonté du travail, cette Cour adressait, par l'entremise des juges-gardes, les poinçons de reproduction au graveur particulier de chaque hôtel, qui relevait sur ces poinçons les coins nécessaires à l'atelier auquel il était attaché. Avant d'être mis en service, ces coins étaient examinés par les juges-gardes, qui s'assuraient s'ils reproduisaient fidèlement le poinçon original. Ils étaient ensuite soumis à une épreuve.

aussi sous le règne de Henri II qu'on commença à mettre régulièrement le millésime au revers des pièces.

1. Nous relevons ce détail dans un document administratif.

Les graveurs particuliers devaient, avant de prendre possession de leur charge, donner la preuve de leur capacité, en exécutant des coins sous les yeux du graveur général. qui a exercé par commission à partir du 22 novembre 1681, époque où l'office, créé en 1547, a été supprimé et remboursé à Warin.

Le graveur général et les graveurs particuliers avaient chacun leur marque ; cette marque était reproduite sur les monnaies avec le différent des maîtres ou directeurs de la fabrication.

IX

Pour ne rien omettre de ce qui touche à l'ancienne organisation, nous dirons un mot des deux inspecteurs généraux et du garde des archives, qui ferment la liste des officiers ou agents généraux relevant de la Cour des monnaies.

Leur titre indique suffisamment les fonctions des inspecteurs généraux ; elles consistaient à aller, chaque fois qu'ils en recevaient l'ordre de la Cour, s'assurer sur place de la façon dont le travail s'exécutait dans les hôtels de province.

Les attributions du garde des archives étaient

purement d'ordre. Il avait le dépôt des registres et papiers, des minutes des procès-verbaux, jugements et décisions relatifs à la fabrication, dont il délivrait des expéditions ; il gardait les échantillons jusqu'au jugement de la Cour, ainsi que les poinçons de reproduction qu'il envoyait, selon les besoins, aux juges-gardes des différents ateliers. Le garde des archives avait aussi le dépôt des acides et agents nécessaires aux essais, de l'étalon servant à la vérification des poids employés dans les Monnaies ; il rédigeait les procès-verbaux, jugements et décisions, dirigeait et surveillait le travail des bureaux. En un mot, le garde des archives cumulait les fonctions de secrétaire de l'administration avec celle de conservateur du matériel.

X

L'administration des monnaies, dans les différentes phases qu'elle a traversées, n'avait jamais cessé de rester subordonnée au Conseil royal et, plus tard, au Contrôle général des finances. Cette subordination a pu, à une époque, n'être pas très étroite. Nous avons vu qu'à l'origine les généraux maîtres nommaient à tous les emplois particuliers.

Vraisemblablement, ces généraux maîtres exerçaient dans le même temps une action presque
indépendante sur toutes les parties du service
monétaire; mais quand le rôle de la monnaie eut
grandi avec la multiplicité des échanges, la Couronne dut sentir le besoin de resserrer cette action
dans des bornes de plus en plus étroites.

Le Conseil royal reprit donc, si jamais il l'avait
abandonnée, la haute direction des opérations monétaires, et la Cour des monnaies ne conserva plus
que l'exécution, le contrôle et le jugement des
fabrications. Bientôt, même, quand ses attributions judiciaires eurent pris tout leur développement, la Cour vit l'exécution et le contrôle lui
échapper. La substitution à l'affermage de la régie
pure, puis de la régie combinée avec l'entreprise,
fit passer l'une et l'autre entre les mains du directeur général, qui était placé sous la dépendance
directe du Contrôle général des finances et du Conseil royal. La suppression du directeur général rendit à la Cour des monnaies son rôle administratif,
mais fort amoindri par l'ingérence, chaque jour
plus grande, du Contrôle général; et l'on peut dire
qu'en 1789 la Cour ne gardait plus que la surveillance des opérations techniques de la fabrication et
le jugement des espèces fabriquées. La direction
administrative était passée, en réalité, au contrôleur
général des finances. C'est le contrôleur général

des finances, en effet, qui préparait les arrêts, déclarations, lettres-patentes, décisions et règlements
sur le fait des monnaies, et qui soumettait au Conseil royal ceux de ces arrêts qui devaient recevoir sa
sanction; c'est lui qui réglait la distribution des
fonds et l'emploi des espèces fabriquées, qui tranchait toutes les difficultés auxquelles pouvait donner lieu cette fabrication; c'est lui encore qui surveillait la comptabilité de tous les hôtels monétaires
au moyen d'états périodiques que lui fournissait le
trésorier général, et qui poursuivait la rentrée des
débets des directeurs-trésoriers particuliers, après
que leurs comptes avaient été arrêtés par le Conseil
royal et par la Chambre des comptes. En un mot,
le contrôleur général des finances était le véritable
régisseur des monnaies, sous l'autorité du Conseil
royal, qui gardait son action omnipotente sur le service monétaire, comme sur toutes les autres parties
de l'administration générale du royaume.

XI

Nous avons achevé l'exposé des opérations et des
fonctions monétaires avant 1789; il nous resterait à
apprécier les unes et les autres dans une vue d'en-

semble ; mais nous devons auparavant parler d'une
industrie qui se rattachait, par les liens les plus
étroits, à la fabrication des monnaies.

Déjà nous avons eu l'occasion de parler des affineurs et de rappeler qu'ils étaient placés sous la
juridiction de la Cour des monnaies. Cette sujétion
était la moindre des entraves imposées par l'ancienne législation à l'industrie de l'affinage. En
effet, à aucune époque cette industrie n'avait été
libre en France. On voit, par plusieurs ordonnances
du xiv⁰ siècle, qu'il y avait des commissaires établis
pour procéder contre ceux qui fondaient ou affi-
naient sans la permission des généraux maîtres.

Pendant plusieurs siècles l'affinage a été exercé
par des maîtres. D'après un arrêt du 6 octobre 1684,
ces maîtres étaient obligés de remettre toutes les
matières qu'ils travaillaient au directeur de la Monnaie et celui-ci les vendait au commerce. Les frais
d'affinage étaient alors de 13 sols par marc d'argent
et de 6 livres par marc d'or. Une déclaration
royale du 25 octobre 1689 limita le nombre des
maîtres à quatre pour Lyon et à deux pour Paris,
et les soumit à une réglementation sévère.

Les maîtres affineurs avaient seuls le droit de
faire « dans les locaux dépendant des hôtels des
monnaies de Paris et de Lyon à ce destinés, et
non ailleurs, » les fontes et départs d'or et d'argent,
tant pour le service des monnaies que pour les

orfèvres, tireurs, écacheurs et batteurs d'or et d'argent, marchands ou tous autres ouvriers employant les matières affinées. Il leur était interdit, sous peine de confiscation de corps et de biens, de fondre les espèces nationales ou étrangères, même celles décriées, qui étaient réservées pour alimenter les ateliers monétaires. Ils devaient inscrire toutes leurs opérations sur un registre coté et paraphé par les juges-gardes. Les lingots d'argent devaient être au moins au titre de 11 deniers 18 grains et ceux d'or à 23 carats 26/32. Ces lingots étaient essayés par l'essayeur de la Monnaie, qui y apposait son poinçon à côté de celui de l'affineur. Défense était faite, sous peine de 3.000 livres d'amende et de confiscation, de vendre, acheter ou employer des lingots qui n'auraient pas porté ces deux marques. Les orfèvres, batteurs et tireurs d'or ne pouvaient avoir chez eux d'outils ou d'ustensiles propres à la fonte ou à l'affinage ; ils devaient prendre chez les affineurs l'or et l'argent dont ils avaient besoin, et ne pouvaient vendre à d'autres qu'à eux les déchets de leurs ouvrages.

On le voit, c'était le monopole de l'affinage et, dans une certaine mesure, de l'achat et de la vente des métaux précieux qui était constitué, sous le contrôle de l'État, au profit de six privilégiés formant deux associations distinctes ; car le règlement qui les constituait obligeait les deux maîtres de

Paris, aussi bien que les quatre maîtres de Lyon,
« à faire bourse commune entre eux ».

Deux édits de décembre 1692 et novembre 1693
supprimèrent les six maîtrises et les érigèrent en
titre d'office, sans toucher d'ailleurs à leur organisation. L'édit de juin 1696 modifia, au contraire,
cette organisation, en créant, également en titre
d'office, un conseiller contrôleur des affinages en
chacune des Monnaies de Paris et de Lyon. Les six
offices furent supprimés en 1719 par un arrêt du
Conseil, qui attribua à la Compagnie des Indes le
droit d'établir des affinages partout où elle le juge-
rait convenable. Le désistement de cette Compagnie
amena leur rétablissement en 1721.

Le prix de l'affinage avait été porté depuis 1684
à 20 sols et à 10 livres. En 1757, une diminution
d'un cinquième mit ce prix à 16 sols par marc d'argent et à 8 livres par marc d'or. Il était réduit à
12 sols par marc d'argent et à 6 livres par marc
d'or pour le service des monnaies. On remboursa
les titulaires des anciens offices qui n'avaient pas
voulu accepter ces conditions et on en créa six nouveaux. Le maréchal de Belle-Isle, à qui ces nouveaux offices furent donnés, en fit don lui-même à
l'École militaire.

En 1760, les quatre offices de Lyon furent
affermés, moyennant une redevance annuelle de
40.000 livres, à la communauté des marchands et

tireurs d'or de cette ville, qui les a régis jusqu'au
1er janvier 1783. Cette régie tourna mal. En 1770 la
communauté fut autorisée à emprunter à des banquiers génois une somme de 500.000 livres, pour
payer les dettes qu'elle avait contractées, et à per-
cevoir sur chaque lingot apporté à l'argue[1] un droit
de 24 livres, dont le produit devait être employé à
l'amortissement de l'emprunt. Les deux offices de
Paris, affermés par l'École militaire à la Caisse
d'escompte pour neuf années par bail du 8 février 1777, furent supprimés en 1782. On remboursa alors les six offices de Lyon et de Paris à
cette école, sur le pied de 660.000 livres, en contrats de rente à 4 pour cent, et les deux affinages
furent affermés à une seule compagnie.

Un mémoire du temps nous apprend que l'affinage de Paris avait rendu au Trésor royal, en 1785,
environ 22.000 livres et celui de Lyon, auquel on
avait joint l'affinage établi à Trévoux après la réunion de la principauté de Dombes à la Couronne,
33.000 livres. Ces chiffres et celui de la redevance
payée à l'École militaire par la communauté des
marchands et tireurs d'or de Lyon prouvent qu'on
n'avait pas obéi, en créant le monopole des affinages, à une pensée purement fiscale. Tout autre

---

1. On appelait ainsi la machine à tirer, c'est-à-dire à réduire
en fil l'or et l'argent et, par extension, l'atelier où se faisait ce
travail.

était, en effet, le véritable mobile de cette création ;
il faut le chercher dans la préoccupation constante
qu'ont eue, sous l'ancienne monarchie, les gouver-
nants d'accroître la masse des espèces nationales
en circulation. C'est cette préoccupation qui a inspiré toutes les mesures restrictives auxquelles ont
été soumis le trafic et la circulation des métaux
précieux et des espèces d'or et d'argent étrangères.
On espérait ainsi forcer leurs détenteurs à les
apporter aux hôtels des monnaies ; on allait en
réalité contre le but qu'on voulait atteindre, mais
il fallait les leçons de l'expérience pour démontrer
que la liberté était le seul moyen de résoudre les
questions si complexes que soulève le problème
de la circulation métallique.

La profession d'affiner et de départir les matières d'or et d'argent a été déclarée libre par la loi
du 19 brumaire an VI. La même loi conservait l'affinage national pour le service des monnaies ; mais
cet affinage a été fermé en 1805 et, depuis, les
directeurs des ateliers monétaires ont eu recours
aux affineurs du commerce.

Toutefois, en 1830, lorsqu'il s'est agi de procéder
à la refonte des monnaies duodécimales, les directeurs des départements durent, pour pouvoir participer à cette opération, créer un atelier d'affinage
dans l'enceinte de l'hôtel dont ils dirigeaient la
fabrication. Cette création ne survécut pas au tra-

vail exceptionnel qui l'avait rendue nécessaire, sauf
dans les Monnaies de Lille, de Rouen et de Bordeaux, où les opérations d'affinage ont continué
jusqu'en 1861.

XII

C'est à l'inspiration dont nous venons de signaler
les effets à propos du monopole des affinages, qu'est
due aussi la concentration dans les mêmes mains
de la surveillance de la fabrication des espèces et de
la répression des délits et crimes dont l'instrument
des échanges pouvait être l'objet. Il avait semblé
que nuls n'auraient plus d'intérêt et ne seraient
plus aptes à exercer efficacement cette répression
que ceux qui étaient chargés de diriger et de contrôler les opérations du monnayage. Les faits sont
là pour prouver combien cette confiance était peu
justifiée. La réunion de fonctions judiciaires à des
fonctions administratives, nécessaire peut-être au
début, devait avec le temps tourner au détriment
des dernières. Les officiers de la Cour des monnaies,
infatués de leur rôle judiciaire, ont fini par dédaigner
comme secondaire le contrôle administratif et
par restreindre ce contrôle presque uniquement au

jugement des deniers de boîtes, qui était pour eux une source de revenu. Pour suppléer à l'insuffisance de leur concours, le gouvernement |chercha à constituer en dehors d'eux la surveillance des ateliers monétaires; c'est dans ce but qu'il établit d'abord un directeur, un contrôleur et un trésorier général, et qu'il attribua plus tard cette surveillance directement au Contrôle général des finances; mais ces réformes tardives ne réussirent pas à faire disparaître les vices de l'ancienne organisation, que l'indifférence ou l'inexpérience de ceux qui devaient les réprimer avaient laissés se perpétuer.

L'ancienne organisation monétaire a été fortement et justement attaquée par toutes les Assemblées délibérantes qui se sont succédé en France de 1789 à l'an XI. Sans parler des critiques formulées contre la confusion des pouvoirs administratif et judiciaire et contre l'hérédité et la vénalité des offices, quatre reproches lui ont surtout été faits : ils portent sur le jugement des fabrications, sur l'abus des tolérances, sur les procédés employés pour la multiplication des coins, enfin sur le système de taxations appliqué à la rémunération des officiers des monnaies.

Nous avons montré comment les directeurs-trésoriers particuliers, à mesure que les espèces étaient mises en délivrance, en passaient écriture d'après l'essai fait par l'essayeur particulier et le jugement provisoire des deux juges-gardes de leur Monnaie. Nous avons vu ensuite la Cour des monnaies soumettant, à la fin de chaque année, aux analyses de l'essayeur général des échantillons prélevés sur les délivrances ou dans la circulation, pesant ces mêmes échantillons et jugeant définitivement l'ensemble des fabrications d'après les résultats de ces analyses et de ces pesées.

Le contre-essai annuel pouvait bien assurer au gouvernement son recours contre le directeur inexact ou infidèle; mais les espèces faibles de poids ou de titre, émises en vertu du jugement provisoire des juges-gardes, n'en restaient pas moins dans la circulation, dont elles altéraient les éléments; et cette altération était d'autant plus forte que la Cour avait prononcé plus de condamnations contre les directeurs.

Si on l'envisage d'ailleurs au point de vue de la responsabilité des directeurs, le mode suivi pour juger les fabrications était loin d'offrir des garanties suffisantes.

Le directeur ne pouvait acheter de matières sans l'assistance du contrôleur contre garde. Il devait les payer au prix fixé par le tarif. Ses fontes étaient surveillées par l'essayeur, officier royal, qui fixait le titre des espèces fabriquées. Le directeur était contraint aussi de se servir d'un graveur, d'ajusteurs et de monnayeurs qu'il ne choisissait pas. Enfin, il ne

pouvait mettre en circulation que les pièces que les
juges-gardes avaient déclarées, par un procès-verbal
authentique, être au titre, au poids et bien monnayées. Il semble, après ces précautions, que les
directeurs auraient dû être à l'abri de toute recherche,
et cependant ils risquaient d'être condamnés, souvent deux ou trois années après que la fabrication
avait été mise en circulation, à des peines pécu-
niaires considérables, si parmi les pièces en petit
nombre d'après lesquelles la Cour prononçait son
jugement, il s'en trouvait qui péchassent par le
titre, par le poids ou par la gravure, c'est-à-dire par
des défauts qu'il n'avait pas dépendu d'eux de prévenir. Aussi des esprits aventureux et disposés à
chercher par tous les moyens des compensations
pouvaient seuls consentir à courir de pareils risques.
On ne doit donc pas s'étonner des manœuvres frauduleuses qu'on a reprochées aux anciens directeurs
et dont Lebreton s'est fait l'écho dans le passage
suivant de son rapport au Tribunat sur la loi de
germinal an XI :

« L'Assemblée constituante s'était appesantie sur
les reproches à faire aux directeurs des monnaies,
parce que c'était le seul des grands rouages anciens
qui restait ; il faut aussi en convenir, parce que c'était
de là que provenaient les grandes infidélités redou-
tables au crédit public et aux fortunes particulières.

« On les a accusés d'avoir fait secrètement la

finance des offices des hôtels des monnaies dont ils étaient les directeurs et d'en avoir pourvu des hommes à eux qui, au lieu de les arrêter dans leurs opérations frauduleuses, les secondaient. Il y avait sûrement des injustices dans la généralité du reproche ; mais la chose était possible et l'opinion accréditée que quelques-uns l'avaient mise en pratique.

« On les accusait aussi de fabriquer clandestinement pour leur compte des espèces faibles qu'ils envoyaient à l'étranger et qui revenaient ensuite altérer encore notre crédit et le capital circulant. On savait enfin combien avait été infidèle l'émission de 1726. Des actes publics, des poursuites à la vérité souvent assoupies par des moyens qu'on n'a pas besoin de dénommer, les archives monétaires et les opinions de tous les hommes probes qui connaissent le régime étaient d'accord pour attester la justice de ces reproches.

« C'était sur le jugement isolé de l'essayeur attaché à chaque Monnaie que le directeur mettait en circulation les espèces qu'il frappait et qui n'étaient jugées par la Cour des monnaies que plusieurs années après. Il fallait donc s'en reposer entièrement sur l'intégrité de directeurs qui avaient l'appât de grands gains et sur la moralité d'un essayeur faiblement rétribué, médiocrement instruit, seul contre la séduction possible.

« On conviendra qu'il y avait au moins des motifs de crainte et fort peu de sécurité. Je consentirai, si l'on veut, que l'on attribue tous ces vices et ces soupçons au régime plus qu'aux individus ; mais c'est toujours un déplorable effet et en même temps la preuve de mauvaises lois et d'un mauvais régime que l'honnêteté elle-même ne soit pas préservée de la méfiance. »

L'abus des faiblages de titre était une cause plus grande encore de discrédit pour nos monnaies, parce qu'elle était générale et continue. A quelque perfection que puisse être portée la fabrication, il est impossible qu'elle arrive à donner à toutes les pièces exactement le poids et le titre que les règlements leur assignent. La loi a dû tenir compte de cette impossibilité et déterminer une limite très étroite dans laquelle chaque pièce prise isolément peut s'écarter du poids et du titre réglementaires sans cesser d'être considérée comme bien monnayée. Ces écarts constituent ce qu'on appelait autrefois remèdes et ce qu'on désigne aujourd'hui sous le nom de tolérances. Si on n'en fausse pas artificiellement le jeu, ils doivent se produire tantôt en fort, tantôt en faible, et arriver finalement à s'équilibrer sur une longue série d'opérations. Or avant 1789, non seulement les règlements n'admettaient que les tolérances en faible, non seulement aussi ces règlements avaient exagéré les tolérances de titre au delà de ce

que réclamaient les nécessités du monnayage,
mais les directeurs, pour obéir aux recommandations
de l'administration, se tenaient le plus près possible
de la limite de ces tolérances. Ils *chatouillaient* les
remèdes, comme on disait alors, afin d'augmenter
le bénéfice du Trésor royal.

Ce bénéfice immoral, parce qu'il était fait clandestinement aux dépens du capital circulant, avait
en outre ce double inconvénient, qu'il exposait
l'État à des pertes sensibles en cas de refonte et
qu'il encourageait les directeurs à abuser pour leur
propre compte de la latitude qui leur était laissée.
On a la preuve de ces abus dans les mécomptes que
le gouvernement éprouva en 1785, lors de la
refonte des louis fabriqués depuis 1726. Le titre
légal de ces louis était de 22 carats, avec une tolérance de 10/32. En admettant l'emploi total de
cette tolérance, ils auraient dû être au titre de 21 carats 22/32; cependant ils ne furent trouvés qu'à
21 carats 18/32. Le même mécompte se produisit
pour les louis fabriqués avec ceux de 1726. Bien
qu'on eût recommandé aux directeurs d'ajouter 4/32
de fin aux anciens louis pour les relever à 21 carats
22/32 ou 904 millièmes, les pièces d'or frappées depuis 1785 n'ont pu être titrées qu'à 21 carats 19/32
ou 900 millièmes, lorsqu'elles ont été démonétisées
par la loi du 14 juin 1829.

Les fabrications d'argent n'étaient pas plus régulières que celles d'or ; c'est ce dont témoignent les spéculations que les affineurs ont faites pendant longtemps sur les écus de 6 livres de telle ou telle millésime, de telle ou telle Monnaie. Même avant qu'on eût découvert la présence d'une certaine quantité d'or dans ces écus, on recherchait, pour les fondre, ceux au meilleur titre et on rejetait les pièces inférieures dans la circulation.

L'uniformité et la perfection des empreintes sont les conditions essentielles d'une bonne fabrication, parce qu'elles forment une des garanties les plus efficaces contre les tentatives de la contrefaçon. Cette perfection et cette uniformité ne pouvaient exister avec les procédés qui étaient encore en usage en 1789 pour la multiplication des coins.

Le graveur général, après avoir gravé les matrices dites de première création, en tirait des poinçons originaux, qu'il envoyait aux graveurs particuliers de chaque Monnaie. Ces poinçons étaient *isolés*, c'est-à-dire sans lettres ni grènetis. Lorsqu'un nouveau type était créé, le graveur général joignait aux poinçons isolés de tête une matrice qui portait toutes les lettres et chiffres des légendes, ainsi que les diverses parties de l'écusson, de la couronne, des branches d'olivier, les fleurs de lis, le grènetis, etc. Les graveurs particuliers tiraient dans cette matrice de petits poinçons détachés des objets qu'elle contenait : la couronne seule était divisée en dix poinçons; les branches de droite et de gauche de l'écusson en douze. Tous ces objets se posaient ensuite, séparément et au marteau, aux places qu'ils devaient occuper dans les coins. Il est aisé de concevoir que la reproduction du type ne pouvait, dans ces conditions, offrir d'identité ; qu'elle devait varier dans chaque Monnaie et presque à chaque carré. Aussi peut-on aujourd'hui encore, si on a occasion de rapprocher des pièces anciennes du même millésime, constater entre elles des différences sensibles. On était donc très fondé à critiquer, au point de vue de la sécurité des émissions, les procédés appliqués jusqu'en 1789 à la gravure des monnaies.

Le système de taxations appliqué à la rémunération des officiers chargés de contrôler la fabrication est le dernier des reproches que nous ayons relevés contre l'ancienne organisation; ce n'est pas le moins grave, parce qu'il tendait à mettre en suspicion la sincérité même du contrôle. Tous ces officiers, les juges-gardes et les contrôleurs contre gardes, aussi bien que les essayeurs et les graveurs, étaient salariés en raison du montant des espèces fabriquées. Par conséquent, ce salaire était plus ou moins élevé suivant que la fabrication avait été plus ou moins active. Par conséquent aussi les fonctionnaires chargés de contrôler le directeur étaient dans sa dépendance, puisque ce dernier pouvait, dans une certaine mesure, laisser languir ou accélérer les travaux. De là, pour ces fonctionnaires, un entraînement à user d'indulgence dans l'exercice de leur contrôle et, s'ils n'étaient pas honnêtes, à favoriser les opérations frauduleuses du directeur, quand ils en pouvaient tirer profit. De là aussi les insuffisances de titre constatées pendant la refonte de 1785.

La Cour des monnaies, il faut lui rendre cette justice, cherchait à réprimer ces abus ; surtout depuis la refonte de 1785, elle condamnait les directeurs à des restitutions et à des amendes très fortes ; mais ces derniers, s'étayant des ordres de chatouiller les remèdes, obtenaient la remise de la plus grande partie des condamnations prononcées contre eux ou retardaient, par tous les moyens possibles, l'apurement de leurs comptes. L'état des débets de ces fonctionnaires, dressé en 1792 au Trésor public, constata un arriéré de 3.761.290 francs, indépendamment du débet du trésorier général, qui s'élevait à près de 2.400.000 francs.

CHAPITRE II

Organisation postérieure à 1789.

Les vices de l'organisation monétaire n'avaient pas échappé non plus au gouvernement de Louis XVI. Des mesures étaient préparées, en 1786, pour y porter remède ; la révolution éclata avant qu'elles aient pu être mises à exécution.

I

Dès ses premiers travaux, l'Assemblée nationale s'attaqua à l'ancien régime monétaire. Par l'article 9 du titre 14 du décret sur l'organisation judiciaire[1], la Cour des monnaies se trouvait supprimée. Une loi du 10 avril 1791 la remplaça dans ses fonctions administratives par une commission composée du ministre de l'intérieur, président, et de huit commissaires, assistés d'un secrétaire général et d'un garde des dépôts comptable. Trois autres lois des 27 mai, 8 septembre 1791 et 7 septembre 1792 complétèrent l'œuvre de cette première loi, en réorganisant l'administration générale des Monnaies et l'administration particulière de chaque atelier.

La loi du 27 mai 1791 supprima tous les officiers de fabrication et les remplaça par des fonctionnaires révocables. L'administration générale dut comprendre, en outre de la commission instituée par la loi du 10 avril précédent, trois fonctionnaires généraux : un inspecteur des essais, un essayeur et un graveur. Un commissaire du roi, un adjoint de ce commissaire, un directeur tenu de fournir un cautionnement en immeubles, un essayeur et un graveur composaient l'administration particulière de chaque hôtel. Les compagnies de monnayeurs étaient maintenues provisoirement, sans aucun de leurs anciens privilèges. Celles des ajusteurs étaient au contraire supprimées. Il en était de même des offices de changeurs; les directoires des départe-

---

1. Décrets des 16 août et 7 septembre 1790.

ments pouvaient établir, dans toutes les villes où ils le jugeaient convenable, des bureaux de change. Les titulaires de ces bureaux devaient être proposés par les municipalités et agréés par la Commission, qui leur délivrait un brevet. La loi du 27 mai 1791 n'apporta que peu de changement au règlement des fabrications. La commission administrative jugea définitivement les espèces fabriquées d'après les contre-essais de l'essayeur général, comme avait jugé la Cour des monnaies. Ces espèces continuèrent d'être émises d'après le titre constaté par l'essayeur particulier de chaque atelier.

La loi additionnelle du 8 septembre 1791 eut surtout pour objet de régler les formalités à remplir par les anciens officiers pour la remise du service aux fonctionnaires nouveaux. Pourtant elle a posé incidemment un principe qui mérite d'être signalé; elle interdit aux directeurs de faire, par eux-mêmes ou par voie indirecte, aucun commerce de matières d'or et d'argent.

La loi du 7 septembre 1792 réduisit de huit à six le nombre des membres de la commission administrative et réunit la place de secrétaire de cette commission à celle de garde des dépôts. Les traitements des divers fonctionnaires des Monnaies furent mis à la charge de l'État. Ce traitement était fixé pour les directeurs à 4.000, 3.200 et 2.400 francs; il leur était alloué, en outre, des droits de fabrication et de déchets dont la loi réglait la quotité.

La substitution des assignats au numéraire rendit inutiles les dispositions édictées en 1791 et 1792. Les opérations des hôtels monétaires se bornèrent au monnayage des pièces de 15 et de 30 sous, opéré avec des écus de 6 livres, et aux fabrications de monnaies de cuivre ordonnées par l'Assemblée nationale, la première Assemblée législative et la Convention. **Ces opérations** avaient même complètement cessé, lorsque **intervint** le décret de la Convention du 26 pluviôse an **II (14 février 1794).**

Ce décret ne conserva, pour la **fabrication** des *assignats métalliques*, que l'atelier de Paris. **Tous** les autres hôtels monétaires étaient supprimés. Leurs directeurs devaient livrer à un commissaire nommé par l'administration des monnaies les machines servant à la fabrication. Le prix devait leur en être payé par la Trésorerie nationale, d'après une estimation faite par trois experts choisis l'un par le directeur, l'autre par le commissaire et le tiers arbitre par le Conseil exécutif.

L'atelier unique devait être composé d'un inspecteur national, d'un sous-inspecteur, d'un entrepreneur de la fabrication, d'un contrôleur du monnayage, d'un inspecteur des essais, d'un graveur, d'un polisseur des carrés, d'un architecte, d'un artiste chargé de la fabrication des balances et

poids d'essai et de préposés temporaires pour surveiller les fontes. Un agent national, nommé par la
Convention sur la présentation du Comité de salut
public, était chargé de conduire ces fontes. Un
caissier, surveillé par un contrôleur, tenait le
change. La commission instituée par les lois des
3 avril et 27 mai 1791 était remplacée par une
administration de cinq membres, qui devaient être
nommés, pour la première fois, par la Convention
sur une liste dressée par le Comité de salut public.
Ces cinq administrateurs se choisissaient tous les
mois, au scrutin, un président, lequel ne pouvait
être réélu qu'à un mois d'intervalle.

D'après le décret du 26 pluviôse, la fabrication
devait être alimentée par le Trésor national; toutefois le caissier était autorisé à échanger contre des
assignats les matières d'or et d'argent qui pouvaient être apportées au change. La ruine du
papier-monnaie et la disparition complète du numéraire arrêtèrent absolument ces apports et la Convention, éclairée par les tristes expériences qu'elle
venait de faire, posa enfin sur de solides assises
l'ensemble du régime monétaire. Tandis que deux
lois du 28 thermidor an III fixaient le poids, le titre
et les tolérances des espèces d'or, d'argent et de
cuivre sur les bases qui ont été définitivement con-
sacrées par l'acte fondamental des 7-17 germinal
an XI, deux autres lois des 22 et 28 vendémiaire

an IV ont donné à l'administration monétaire à
peu près l'organisation qu'elle a conservée jusqu'en 1827.

Huit hôtels étaient rouverts à Paris, Perpignan,
Nantes, Bordeaux, Lille, Strasbourg, Marseille et
Lyon. Chacun de ces hôtels avait un commissaire,
un directeur, un contrôleur au monnayage, un
caissier. L'administration générale n'était plus composée que de trois administrateurs, qui continuaient
de se choisir tous les mois un président. Elle était
assistée d'un inspecteur des essais, d'un vérificateur,
de deux essayeurs, d'un graveur, d'un artiste mécanicien, chargé de la surveillance des machines, et
d'un artiste balancier, chargé de la fabrication des
poids et balances. Les trois administrateurs, l'inspecteur des essais, les commissaires, les directeurs,
les caissiers, le graveur et l'artiste mécanicien
étaient nommés par le Directoire exécutif. La nomination aux autres emplois appartenait aux trois
administrateurs. L'inspecteur des essais, le vérificateur, les deux essayeurs, le graveur étaient soumis à un concours.

Les essayeurs des monnaies devaient choisir un
poinçon et le faire insculper sur une plaque de
cuivre déposée au secrétariat général de l'administration. La même obligation était imposée aux
essayeurs du commerce, qui ne pouvaient exercer
leurs fonctions sans avoir obtenu de cette adminis-

tration un certificat de capacité, qu'elle leur délivrait à la suite d'un examen public, subi devant l'inspecteur et le vérificateur des essais en présence de deux administrateurs.

Le caissier était chargé de la recette au change : il livrait au directeur de la fabrication contre récépissé les matières destinées au monnayage et prenait charge des espèces fabriquées, à mesure qu'elles lui étaient délivrées par le commissaire national. Le caissier acquittait les dépenses certifiées par ce commissaire ; il envoyait tous les dix jours à la Trésorerie le bordereau de sa caisse, tant en matières qu'en espèces.

Le directeur de la fabrication comptait des matières que le caissier lui avait livrées d'après le poids et le titre auxquels il les avait reçues. Devenu maître de ses fontes et de ses alliages, il était seul responsable du poids, du titre et de la beauté des empreintes des pièces qui sortaient de son atelier ; il choisissait et payait tous les ouvriers employés à la fabrication, y compris les monnayeurs. Le montant des frais de fonte et de fabrication, celui des déchets, devaient être réglés par le Directoire exécutif sur l'avis de l'Administration. La construction et l'entretien des fourneaux, des lingotières et de tous les outils servant à la fonte étaient à la charge du directeur, qui pourvoyait aussi, à ses frais, à la dépense des réparations locatives et d'entretien du

logement qu'il occupait dans l'Hôtel des monnaies.
La construction et l'entretien de toutes les machines
servant à la fabrication, telles que laminoirs, coupoirs et balanciers, les grosses réparations et l'entretien des couvertures et des laboratoires étaient
à la charge du Trésor public. Le directeur était responsable des accidents de feu. En cas de remplacement, son successeur devait lui racheter son
matériel au prix d'estimation fixé par trois experts
choisis, un par le directeur ou par ses représentants,
l'autre par le commissaire national et le tiers
arbitre par l'administration.

Chaque directeur, à mesure de ses fabrications,
envoyait à Paris des échantillons pour y être immédiatement essayés par le laboratoire de l'administration. Celle-ci rendait, à la suite de chaque essai,
un jugement définitif, qui précédait la mise en circulation des pièces et permettait d'établir sur des
bases immuables la comptabilité des directeurs.

Toutes les Monnaies recevaient leurs coins d'un
graveur unique, travaillant au siège et sous les
yeux de l'administration.

L'organisation décrétée par les lois des 22 - 28 vendémiaire an **IV** fut maintenue et complétée par la
loi des 7 - 17 germinal an **XI** et par l'arrêté régle-
mentaire du 10 prairial suivant.

La loi de germinal an **XI** confirma, en les préci-
sant, les règles tracées pour l'envoi et le jugement

des échantillons. Elles faisaient l'objet de son titre II, qui comprenait cinq articles, numérotés de 18 à 22. D'après l'article 20, les procès-verbaux de vérification dressés par l'administration des monnaies devaient être envoyés au ministre des finances. L'article 22 portait qu'en cas de fraude dans le choix des échantillons, les auteurs, fauteurs et complices de ce délit seraient punis comme faux monnayeurs.

L'arrêté du 10 prairial an XI a placé définitivement l'administration des monnaies dans les attributions du ministre des finances. Il a rétabli les emplois d'inspecteur général et de secrétaire général garde des archives; mais le premier de ces emplois n'a pas tardé à être supprimé comme inutile. Le caissier devait remettre de suite au directeur le double de l'inscription au registre du change des matières déposées, pour être par lui visé et remis au porteur, auquel il tenait lieu de récépissé. Les dépenses de chaque atelier, qui étaient acquittées par le caissier sur le certificat des commissaires d'après l'article 58 des lois des 22-28 vendémiaire an IV, devaient être payées sur les ordonnances du ministre des finances.

Les comptes des caissiers étaient réglés chaque année[1] par l'administration des monnaies, liquidés par le ministre des finances et envoyés à la Compta-

____

1. Arrêt du 10 floréal an XI.

bilité nationale. Ces comptes comprenaient la recette et la dépense, tant en matières qu'en espèces. La recette des matières était constatée par l'extrait du registre du change, et la dépense, par les récépissés du directeur de la fabrication. La recette en espèces était justifiée par les procès-verbaux de délivrance, et les dépenses pour payement des matières déposées, frais de fabrication et traitements, par les quittances, états et mémoires quittancés. Toutes les pièces comptables, certifiées par le caissier, devaient être vérifiées et visées par le commissaire. A la fin de chaque année, les caissiers versaient les matières existantes dans leur caisse entre les mains des directeurs ; à la même époque, ils recevaient les comptes des directeurs, qui étaient tenus de les solder dans le délai d'un mois.

II

L'organisation inaugurée en l'an IV et complétée en l'an XI a été modifiée par l'ordonnance du 27 décembre 1827 et par un arrêté du chef du pouvoir exécutif du 25 juin 1871, rendu en exécution d'un décret du gouvernement de la Défense nationale du 10 janvier de la même année.

L'ordonnance de 1827 a supprimé les caissiers et
les a remplacés par des contrôleurs chargés de
surveiller les opérations du change, dont les directeurs de la fabrication devenaient seuls responsables. Ces derniers fonctionnaires devaient compte
directement de leurs opérations, chaque année,
à la Cour des comptes. Ils étaient tenus de verser
un cautionnement en rentes, égal à celui qu'avaient
fourni les caissiers. La même ordonnance de 1827
a substitué aux trois administrateurs, élisant leur
président, une commission composée d'un président
et de deux commissaires généraux, nommés tous
les trois par le roi. Cette commission a été remplacée
par une administration, qui avait à sa tête un
directeur, assisté d'un sous-directeur (arrêté du
25 juin 1871). Un décret du 19 mai 1875 a rendu à
ce sous-directeur le titre d'administrateur, qu'il a
conféré également au vérificateur en chef des essais.
L'obligation du concours pour la nomination aux
emplois du laboratoire et de graveur, maintenue
par l'ordonnance de 1827, n'était plus mentionnée
dans l'arrêté de 1871.

Mais ces modifications, toutes secondaires, ont
laissé intact le régime fondé par les législations de
l'an IV et de l'an XI, c'est-à-dire le régime de
l'entreprise exercée par délégation et sous la surveillance de l'État. En effet, dans les deux Hôtels des
monnaies qui restaient seuls en activité à Paris et à

Bordeaux en 1871, comme dans les treize[1] Monnaies qui existaient encore en 1827, il y avait un entrepreneur de la fabrication et, pour surveiller les opérations de cet entrepreneur, un commissaire ayant sous ses ordres un contrôleur au change et un contrôleur au monnayage, qu'assistaient à Paris des adjoints. La surveillance supérieure de la fabrication a été exercée par l'administration rétablie en 1871 dans les mêmes conditions que par l'ancienne administration de l'an XI et par la commission de 1827. A ces trois époques, l'administration supérieure a été assistée : 1° d'un secrétariat, préparant et expédiant les affaires ; 2° d'un laboratoire chargé de déterminer le titre de toutes les espèces fabriquées avant leur mise en circulation et, en cas de contestation entre les entrepreneurs et les parties versantes, celui des monnaies apportées au change ; 3° enfin d'un graveur, fournissant à tous les ateliers monétaires les coins nécessaires à leur fabrication.

---

1. Ces treize Monnaies comprenaient les huit ateliers rouverts en vertu de la loi de vendémiaire an IV et cinq Monnaies nouvelles qui avaient été successivement rétablies à Bayonne, la Rochelle, Limoges, Rouen et Toulouse.

III

Nous nous abstiendrons de décrire les attributions des différents fonctionnaires ou agents dont nous venons de donner l'énumération.

Il nous paraît plus pratique et plus intéressant de suivre toute la série des opérations par lesquelles le métal passait pour être transformé en espèces, et de montrer la part que chacun d'eux prenait à cette transformation.

Les opérations monétaires peuvent se classer en sept groupes distincts : le change, la fonte des matières et la préparation des flans, le monnayage, le jugement des espèces monnayées, leur délivrance, la liquidation et la justification des opérations, enfin la gravure des coins, que nous plaçons à la fin, faute de pouvoir lui assigner son rang logique dans l'ordre des opérations monétaires.

La manutention des métaux commençait au bureau du change. Toutes les matières précieuses à convertir en espèces devaient passer d'abord par ce bureau, qui opérait pour le compte du directeur de la fabrication, seul responsable, mais toujours avec la participation du Contrôle.

Le bureau du change recevait les matières précieuses sans aucune limitation de quantité[1]. Toutefois, il ne les acceptait que sous l'une de ces trois formes : en lingots, en monnaies étrangères, en objets d'orfèvrerie et de bijouterie frappés du poinçon de titre français. Les monnaies étaient admises au titre fixé par les tarifs officiels, qui donnaient la nomenclature et la valeur de toutes les pièces d'or et d'argent en circulation dans le monde; le poinçon déterminait le titre des matières ouvrées; quant aux lingots ils devaient être revêtus de la marque de l'affineur, de celle de l'essayeur, d'un chiffre donnant le poids, d'un autre chiffre indiquant le titre. Ils étaient reçus d'après cette dernière indication, sous réserve du recours à l'administration des monnaies si, après vérification, le directeur de la fabrication ne tombait pas d'accord avec le porteur. Dans ce cas, un échantillon ou *peuille*, prélevé sur le lingot en litige, était soumis aux analyses du laboratoire et l'administration prononçait souverainement sur la contestation.

En échange des matières, le directeur remettait au porteur, indépendamment d'un reçu détaillé, un bon par lequel il s'engageait à rendre en espèces

1. Il en a été ainsi jusqu'en 1873, par application de la loi du 7 germinal an] XI. A partir de 1874, la fabrication des pièces de 5 francs a d'abord été limitée, puis suspendue, et cette suspension a entraîné la fermeture du change à tous les apports de matières d'argent.

monnayées, à une époque déterminée[1], l'équivalent de ce qu'il avait reçu, déduction faite des frais de fabrication[2] qu'il retenait au porteur.

Les matières enfermées sous une double clef étaient remises, au fur et à mesure des besoins de la fabrication, au directeur, qui opérait, sans l'intervention d'aucun contrôle, la fonte, le laminage et l'ajustage des lames, le découpage, le cordonnage, le blanchiment et l'ajustage des flans, en un mot toutes les opérations qui précèdent la frappe des empreintes. Ces matières étaient livrées aux ateliers de fonte avec un bulletin indiquant leur titre, leur poids et la proportion de cuivre rouge

1. L'échéance des bons d'or était de huit jours, tant que les versements au change n'excédaient pas un million par jour. Quand cette limite était dépassée, le directeur pouvait reculer les échéances, en vertu d'une autorisation du ministre des finances.

2. Les frais de la fabrication, fixés par la loi de germinal an XI, à 9 francs par kilogramme d'or et à 3 francs par kilogramme d'argent au titre monétaire, avaient été abaissés à 6 francs par kilogramme d'or et à 2 francs par kilogramme d'argent (Ordonnance royale du 25 février 1835). Un arrêté du Président de la République, du 22 mai 1849, a fait subir une nouvelle diminution aux frais de fabrication des monnaies d'argent, qui n'ont plus été, à partir de cet arrêté, que de 1f 50 par kilogramme. Au contraire, ceux des monnaies d'or ont été relevés à 6f 70 par un décret du 22 mars 1854.

Si on compare les frais actuels de fabrication à ceux de 1789, on constate qu'ils leur sont sensiblement inférieurs. En effet, les 6f 70 par kilogramme d'or et les 1f 50 par kilogramme d'argent alloués par les derniers tarifs représentent 1 liv. 13 so. 3 den. par marc d'or et 7 so. 3 den. 3/4 par marc d'argent à 900 millièmes. Ces frais étaient, en 1789, de 2 livres par marc d'or et de 1 liv. 7 so. par marc d'argent à 916 millièmes.

qui devait être ajoutée à l'or ou à l'argent pour les amener à la composition monétaire. Chaque livraison était calculée de façon à suffire à un nombre de pièces que les règlements déterminaient et qui constituait ce qu'on appelle une *brève*. Ce nombre était de 10.000 pour les pièces de 20 francs.

La brève d'or de 10.000 pièces était divisée en dix parties égales, placées chacune dans un plateau, auquel on joignait un bulletin portant le quantième du mois, le numéro de la brève et le poids reconnu par le directeur de la fabrication. Ainsi préparés, les plateaux étaient remis au contrôleur au monnayage, qui les pesait et inscrivait sur chaque bulletin le poids qu'il avait trouvé. Ils étaient alors livrés aux ouvriers monnayeurs et on ajoutait au bulletin le numéro de la presse chargée de transformer les flans en pièces de monnaie, transformation que les perfectionnements apportés aux machines et aux procédés monétaires avaient beaucoup simplifiée.

Nous avons vu le frappage au balancier substitué au frappage au marteau dans tous les Hôtels des monnaies à partir de 1645. Dans le principe le balancier se composait d'une simple cage en fer ou en bronze, munie à sa partie supérieure d'un écrou dans lequel descendait la vis maîtresse. Cette vis venait frapper les coins enveloppés d'une chappe en fer et entre lesquels on avait placé le flan. Les deux

côtés de la pièce se marquaient ainsi en même temps.
A chaque coup, le monnayeur retirait les coins pour
enlever la pièce frappée et lui substituer un autre
flan. Cette manœuvre était longue. Pour l'abréger,
l'idée vint de supprimer la chappe, d'immobiliser
l'un des coins sur la semelle du balancier et de
fixer l'autre dans une boîte qui suivait les mouve-
ments de la vis maîtresse. Lorsque le coup était
donné, un ressort chassait la pièce de dessus le coin
fixe et le monnayeur posait rapidement un nouveau
flan. Ce mode de monnayage, dit à coins libres,
dura jusqu'en 1807.

Napoléon avait proposé un prix de 25.000 francs
pour le perfectionnement des instruments monétaires. Ce prix fut décerné, en 1807, à MM. Gingembre et
Saunier, que l'Empereur nomma, le premier inspecteur général, le second mécanicien des monnaies.
Les améliorations apportées au balancier par ces
deux inventeurs consistaient : 1° dans l'application
d'un poseur mécanique qui recevait le flan à monnayer, le portait entre les coins, retournait en chercher un autre et chassait celui qui venait d'être
frappé ; 2° dans l'addition d'un cercle d'acier, appelé
virole pleine, qui enserrait le flan. Grâce à la première amélioration, le monnayage devint beaucoup
plus rapide et plus sûr; la seconde permit de donner un diamètre parfaitement égal et poli aux pièces,
qui s'étendaient autrefois et se déformaient plus ou

moins sous l'action du balancier. Mais il n'en fallait
pas moins continuer de marquer la pièce sur tranche au moyen d'une machine spéciale appelée *cas-
taing*, du nom de son inventeur. Cette marque
exigeait une double main-d'œuvre. En outre, la
légende circulaire, imprimée en creux par le cas-
taing, n'occupait pas toujours la même place par
rapport à la face et au revers.

On connaissait depuis longtemps l'emploi de la
virole brisée, servant à marquer la tranche en relief.
Il existe, en effet, de très belles pièces de plaisir du
temps de Charles IX, qui offrent des légendes en
lettres saillantes d'une très grande perfection. On
voit apparaître aussi, sous Henri IV et Louis XIV,
des essais de monnayage en virole brisée; mais la
complication des procédés que comportait alors
l'emploi de ce troisième coin le fit abandonner, et
il a fallu près de deux siècles et demi pour que
la virole brisée fût en quelque sorte inventée de
nouveau ou du moins rendue pratique. En 1786,
Droz avait tenté sans succès de remplacer le cordonnage, imprimant la légende circulaire, par un
frappage latéral qu'il obtenait au moyen d'une
virole en plusieurs morceaux. En 1796 et en 1815,
d'autres tentatives analogues n'eurent pas un meilleur résultat. Ce fut seulement en 1829 qu'un monnayeur de la Monnaie de Paris, nommé Moreau,
réussit à substituer définitivement à la virole pleine

une virole en trois segments. Son invention, d'une extrême simplicité, fut immédiatement adoptée et, dès 1830, elle était mise en pratique dans tous les ateliers monétaires.

Le balancier ainsi complété devint un instrument parfait; pourtant il laissait encore à désirer au point de vue de l'économie. Il fallait douze hommes, sans compter le monnayeur, pour frapper les pièces de 5 francs. En outre, la beauté des empreintes dépendait de la vigueur ou de la bonne volonté des ouvriers. L'emploi de la vapeur comme force motrice et la substitution de la presse monétaire au balancier ont fait disparaître ces derniers inconvénients. En 1829, un mécanicien viennois, du nom de Ulhorm, inventa une machine qui, mue par la vapeur et conduite par un seul homme, pouvait fabriquer aisément 2.000 pièces par heure. L'idée fondamentale de cette nouvelle machine, que Thonnelier a importée en France en la perfectionnant, est la substitution de la pression exercée par un levier à la percussion produite par la vis du balancier. Ce levier détermine le mouvement d'une colonne à la base de laquelle est fixé le coin de revers. A la partie inférieure, précisément au-dessous de la colonne qui se baisse et se relève alternativement, une rotule porte le coin de tête, entouré à sa partie supérieure de la virole brisée. Cette virole se compose de trois segments égaux, sur chacun desquels est gravée une partie de la légende. Les trois segments, disposés sur des ressorts placés sous le collier de la virole, cèdent et se rapprochent, dès que la pression du coin de revers commence à se faire sentir. Ils remontent et se séparent sous l'effort des ressorts qui les supportent, lorsque la colonne reprend son mouvement ascensionnel. Un godet, placé sur la tablette de la presse, reçoit de l'ouvrier conducteur une pile de flans. Ces flans tombent un à un dans la cavité circulaire formée par la virole. Dès qu'un flan a été frappé simultanément sur les deux faces et sur la tranche, il remonte sous l'action de deux tringles verticales et est chassé par un organe articulé, nommé *main-poseur*, dans un conduit qui aboutit à une sébile placée au pied de la presse.

L'ouvrier conducteur examinait de temps à autre une pièce à la loupe, pour s'assurer si l'empreinte était bien venue. A mesure qu'une sébile se remplissait, il la portait au contrôleur au monnayage qui la pesait. Lorsque les dix sébiles composant la brève avaient été vérifiées, on faisait sur la masse des pièces ce qu'on appelle la prise d'échantillons. En présence du directeur de la fabrication ou de son délégué, le commissaire et le contrôleur au monnayage prélevaient au hasard cinq pièces dans chacune des dix sébiles. Sur les cinquante pièces ainsi obtenues, on en prélevait définitivement

six. Ces six pièces étaient adressées, sous le triple
sceau du directeur, du commissaire et du contrôleur,
à l'administration, qui en faisait immédiatement
vérifier le poids. Si ce poids était en dehors des
tolérances, elle ordonnait la refonte de la brève,
sans vérification du titre ; elle remettait au laboratoire les pièces destinées à l'analyse, s'il était dans
les tolérances.

Quand il s'agissait de monnaies d'or, les deux
essayeurs analysaient séparément chacun une
pièce. Si les titres rapportés par eux s'accordaient,
leur essai était définitif. S'il y avait divergence, le
vérificateur opérait sur une troisième pièce, et ce
troisième essai tranchait la question. Pour l'argent,
dont la liquation est moins égale que celle de l'or,
l'analyse se faisait sur les six pièces. Le vérificateur
déterminait le titre d'une de ces pièces, et les deux
essayeurs analysaient des fragments découpés en
nombre égal sur chacune des cinq autres. Lorsqu'il
résultait de tous ces essais que les pièces soumises
à l'analyse étaient dans les limites de titre, la délivrance de la brève était autorisée. La refonte était
ordonnée dans le cas contraire. La déclaration par
laquelle l'administration fixait le titre de chaque
brève gardait le nom de jugement, emprunté aux
attributions de l'ancienne Cour des monnaies.

Lorsque ce jugement prescrivait la refonte, la
brève était mise immédiatement au creuset, en pré-

sence du commissaire et du contrôleur au monnayage. Si la fabrication avait été reconnue bonne,
on portait les dix sébiles dans la salle de délivrance,
où chaque pièce était pesée.

Le pesage des pièces d'or de 20 francs s'est opéré,
à partir de 1870, au moyen de deux machines au-
tomatiques différentes, dont nous donnerons une
description très succincte. L'une de ces machines est
de construction anglaise. Elle est semblable à celles
qui fonctionnaient depuis 1852 à la Monnaie de
Londres et dont M. William Cotton, gouverneur de
la Banque d'Angleterre, est l'inventeur. Les pièces
de 20 francs sont placées dans un tube d'où elles
tombent une à une sur une petite balance. Si la
pièce se trouve être d'un poids exact, elle est rejetée
dans un certain compartiment; elle est rejetée
dans un second compartiment si elle est trop
lourde et dans un troisième si elle est trop légère.
La pesée se fait avec une telle précision que le
poids exact, le poids droit étant représenté par 1.000,
tout ce qui est entre 998, limite de la tolérance en
faible, et 1002, limite de la tolérance en fort, pas-
sera; mais une pièce au-dessous de 998 est déclarée
trop légère, tandis qu'une autre dépassant 1002 est
déclarée trop lourde.

La seconde machine automatique a été construite
en France par M. Deleuil, balancier de la Monnaie
de Paris, sur les plans de M. Séguier, conseiller à

la Cour de Paris et membre de l'Académie des
sciences. Cette machine est établie sur les mêmes
principes que la précédente. Elle en diffère en ce
qu'elle a cinq balances au lieu d'une seule, et que
son mécanisme est à jour, tandis que celui de la
machine anglaise est fermé. Naturellement, la machine française fait plus de besogne que la machine
anglaise, dans le même espace de temps, sans pourtant que le nombre des pièces pesées soit dans
la proportion de 5 à 1[1]; mais cet avantage est
compensé par une régularité moindre dans les opérations, et surtout par une sensibilité plus grande
des organes, qui rend les réparations plus fréquentes.

Les pièces d'argent et les pièces d'or, autres que
celles de **20** francs, continuaient d'être trébuchées
à la main par des ouvriers vérificateurs payés par
le directeur, mais choisis par le commissaire.

Les pièces trop lourdes ou trop légères étaient
mises de côté et refondues ; les autres étaient con-
fiées à un ouvrier qui s'assurait, en les faisant ré-
sonner sur un tas d'acier, qu'elles ne contenaient
pas de corps étrangers ou de fissure. Elles étaient
ensuite examinées une à une et rebutées, si elles

---

1. La machine anglaise, avec sa balance unique, pèse 25 pièces
à la minute, soit 1.500 pièces par heure. La machine française
pèse 18 pièces par balance et par minute, soit 90 pièces pour les
cinq balances et 5.400 pièces à l'heure.

présentaient la moindre imperfection sous le rapport du blanchiment, de la fonte ou de l'empreinte.

Les pièces définitivement admises étaient livrées au bureau du change. Un procès-verbal, signé par le directeur de la fabrication, le contrôleur au change, le contrôleur au monnayage et le commissaire, constatait cette livraison. Ce procès-verbal, qui servait à établir les comptes du directeur, reproduisait le jugement de l'administration et indiquait le poids de la brève, sa valeur, le nombre des pièces mises en délivrance, celui des pièces rebutées et les motifs du rebut.

Le commissaire s'assurait au moins une fois par mois, au moyen d'une vérification de la caisse du change et des ateliers du directeur, que toutes les matières entrées étaient exactement représentées par celles qui existaient dans les travaux et par les espèces fabriquées ou délivrées. Une fois par mois aussi, ce même fonctionnaire vérifiait, avec l'assistance du *balancier* de l'administration, les poids et balances en usage dans les différents services, en les comparant aux poids étalons dont il avait la garde. Ces poids étalons étaient eux-mêmes comparés tous les ans avec d'autres poids étalons, vérifiés au Conservatoire des arts et métiers, et qui restaient en dépôt au secrétariat de l'administration.

La série des opérations monétaires se liquidait par le payement, à l'échéance, des bons souscrits au

profit des porteurs de matières et par le prélèvement
que faisait l'entrepreneur des frais de fabrication
qui lui revenaient.

Moyennant le remboursement de ces frais, qui
constituaient leur seule rémunération, les directeurs
pourvoyaient au payement de leurs employés, aux
salaires de leurs ouvriers, à la fourniture de tous les
ustensiles, outils et machines, autres que les presses
monétaires, et à leur entretien, à l'entretien de ces
mêmes presses, à la réparation de leurs ateliers, en
un mot, à toutes les dépenses de personnel, d'outillage et de main-d'œuvre. En outre, l'État avait mis
successivement à la charge des directeurs la perte
occasionnée par les déchets qu'éprouvent l'or et
l'argent à la fonte et dans les diverses manipulations du monnayage, l'achat du cuivre pour l'alliage,
la fourniture des coins et des viroles, leur nettoyage
et leur polissage, les frais de comptage, de vérification et de mise en sacs des espèces. Enfin, lorsque la fabrication des monnaies d'or dépassait
200 millions, les directeurs devaient reverser à l'État,
sur les 6ᶠ 70 par kilogramme qui leur étaient alloués, 1 fr. 50 pour les fabrications de 200 à 300 millions, 2 fr. pour celles de 300 à 400 millions et
2 fr. 50 au-dessus de 400 millions.

Les directeurs tenaient deux comptes distincts,
l'un des matières, l'autre des espèces. Ils se char-
geaient en recette au premier compte du fin entré

au change et en dépense du fin employé à la fabrication. Le second compte était débité de la valeur nominale des espèces fabriquées et crédité des bons de monnaies payés, ainsi que du montant des frais de fabrication et, s'il y avait lieu, des reversements faits au Trésor. Les directeurs envoyaient tous les mois une copie de leurs deux comptes à la Comptabilité générale des finances. Ils rendaient à la fin de chaque année un compte de gestion à la Cour des comptes. Ce compte de gestion, aussi bien que les comptes mensuels, était arrêté par le commissaire, après qu'il en avait reconnu l'accord avec les écritures tenues par le contrôleur au change.

Tous les poinçons, matrices, coins et viroles qu'exige la fabrication des monnaies étaient exécutés, dans les ateliers dépendant de l'hôtel de Paris et sous la surveillance directe de l'administration supérieure, par le graveur unique, auquel le titre de graveur général avait été attribué bien improprement, en 1827, puisqu'il n'y avait plus de graveurs particuliers des Monnaies. Chaque fois que le type des monnaies changeait, le graveur général exécutait les coins de service au moyen des originaux et poinçons de reproduction remis par l'artiste qui avait obtenu le prix à la suite d'un concours. Quand le coin avait été trempé, il recevait un numéro d'ordre et devenait, à partir de ce moment, l'objet d'une surveillance continue jusqu'au jour où l'usage le mettait hors d'emploi et où il était détruit par l'administration. Les mêmes précautions étaient prises à l'égard des viroles qui servaient à marquer la tranche des pièces.

Toutes les dépenses d'outillage, de matériel et de main-d'œuvre qu'entraîne la fabrication des coins et des viroles étaient supportées par le graveur général. Les balanciers servant à la frappe des coins lui étaient seuls fournis par l'État; mais leur entretien était à sa charge. Le graveur général ne recevait aucune rétribution de l'État; les instruments qu'il livrait à chaque atelier monétaire lui étaient payés par le directeur de la fabrication. Anciennement le prix de ces instruments se payait à la pièce; plus tard, il a été réglé à raison du nombre des monnaies frappées. En 1879, la retenue que subissaient de ce chef les directeurs était de 0 fr. 05 par kilogramme fabriqué, pour les pièces de 5 francs en argent, et de 0 fr. 15, pour les pièces de 20 francs en or. Le prix des viroles était uniformément de 40 francs par 200.000 pièces.

IV

Si nous dégageons de l'exposé qui précède le rôle de l'administration centrale des monnaies, nous voyons qu'il consistait :

1° A surveiller la fabrication des monnaies, à vérifier le poids et le titre des pièces fabriquées, à en ordonner la délivrance ou à en prescrire la refonte ;

2° A statuer sur les contestations qui pouvaient s'élever entre les porteurs de matières et les directeurs de la fabrication ;

3° A surveiller la fabrication des poinçons, matrices et coins monétaires.

Nous aurons indiqué toutes les attributions que l'arrêté du 25 juin 1871 avait maintenues à l'administration des monnaies, quand nous aurons ajouté à celles que nous venons d'indiquer :

1° La vérification du titre des monnaies étrangères de création nouvelle à inscrire aux tarifs ;

2° La vérification des monnaies arguées de faux, qui pouvaient lui être déférées par les tribunaux ;

3° La délivrance d'un certificat de capacité aux essayeurs du commerce et de la garantie ;

4° Le jugement des difficultés relatives au titre des lingots et ouvrages d'or et d'argent ;

5° Le contrôle de la fabrication des médailles ;

6° La surveillance de la fabrication des poinçons et bigornes de la garantie ;

7° Enfin le contrôle de la fabrication des timbres-poste.

Nous entrerons dans quelques explications sur les trois derniers services que comprend notre énumération et qui, seuls, présentent de l'intérêt.

En traçant l'historique des procédés qui ont été successivement appliqués, jusqu'en 1789, à la fabrication des monnaies, nous avons eu occasion de rappeler qu'en 1550 Henri II avait installé, dans l'une des dépendances de l'ancienne résidence royale de la Cité, un atelier dans lequel devaient être frappées, au moyen du monnayage au moulin, des médailles ou pièces de plaisir en même temps que des monnaies. Ce nouvel établissement, désigné sous le nom de *Monnaie des étuves*, fut transféré au Louvre sous le règne de Louis XIII. Un arrêt du 5 juin 1624 montre qu'il jouissait, dès cette époque, du privilège de fabriquer les jetons et les médailles. L'invention du balancier, qui fut d'abord installé dans ses ateliers, lui fit donner le nom de *Balancier du Louvre*, auquel on substitua celui de *Monnaie des médailles*, lorsque la fabrication des monnaies lui eut été définitivement retirée.

Louis XIV créa en titre d'office, par son édit de juin 1696, un directeur et un contrôleur-garde de la Monnaie des médailles. Ces deux offices furent réunis par arrêt du 7 novembre suivant et la Monnaie des médailles se trouva ainsi mise sur le même pied que les autres manufactures royales, qui étaient régies, pour le compte du roi, par un conseiller directeur.

L'article 27 de l'édit de juin 1696, confirmant les règlements antérieurs, défendit « de fabriquer ou faire fabriquer aucuns jetons, médailles, pièces de plaisir d'or, d'argent ou d'autres métaux ailleurs qu'à la Monnaie des médailles, à peine de confiscation des outils et matières et de 1.000 livres d'amende contre chacun des contrevenants. » La frappe des médailles redevint libre en 1790; mais le premier Consul, reprenant les traditions monarchiques, rétablit le monopole. Un arrêté du 5 germinal an **XII** renouvela les défenses et les pénalités édictées en 1696; toutefois le gouvernement se réserva la faculté d'accorder des autorisations spéciales pour la frappe des médailles hors de la Monnaie, en la soumettant aux lois et règlements généraux de police sur les arts et l'imprimerie. En outre, il prescrivit de déposer quatre exemplaires de chaque médaille, deux à la Bibliothèque nationale et deux au Musée monétaire.

Cette réglementation resta en vigueur jusqu'en 1816. Dans l'intervalle, la loi du 8 novembre 1814 avait réuni la Monnaie des médailles, transférée en 1805 du Louvre dans des locaux dépendant de l'Hôtel des monnaies de Paris, à la dotation de la Couronne, sans s'expliquer sur l'administration et les privilèges de cet établissement. Une ordonnance du 22 juillet 1816, qui n'a pas été insérée au Bulletin des lois, vint combler la lacune; elle remit en vigueur les dispositions de l'arrêté du 5 germinal an **XII**, en y ajoutant une clause en vertu de laquelle les médailles, jetons, etc., appartenant à des particuliers ne pouvaient être frappés qu'avec l'approbation du directeur de la Monnaie des médailles, qui jugeait « si les types et les inscriptions n'ont rien qui blesse les bonnes mœurs et la morale publique »; mais cette dernière clause, qui accordait à un simple agent administratif un droit de censure exorbitant, n'a jamais été appliquée et l'arrêté de germinal an **XII** a seul continué jusqu'à nos jours de régler la matière.

Enfin une ordonnance du 24 mars 1832 a substitué l'entreprise à la régie pour la fabrication des médailles et confié à la commission des monnaies le contrôle de cette entreprise. La frappe des nouvelles médailles a été soumise par cette même ordonnance à l'autorisation préalable du ministre du commerce et des travaux publics et, plus tard, à celle du ministre de l'intérieur (loi du 9 septembre 1835).

En conséquence, l'administration de 1871, comme la commission qui l'a précédée, surveillait, avec l'assistance d'un comité consultatif de graveurs, la frappe des médailles, monopolisée entre les mains de l'entrepreneur de la fabrication des monnaies à Paris, sous la réserve des exceptions que pouvait autoriser le gouvernement.

De tout temps, pendant la régie comme depuis l'entreprise, les conditions de la fabrication des médailles, jetons, etc., ont été réglées par le gouvernement. Le dernier tarif de vente, préparé par l'administration des monnaies et arrêté par le ministre des finances à la date du 24 décembre 1849, en fixait le titre à 916 millièmes pour l'or et à 950 millièmes pour l'argent. Ce titre était vérifié par le laboratoire de l'administration, qui jugeait le travail des médailles avec les mêmes formalités que celui des espèces.

Le tarif du 24 décembre 1849 avait réglé les frais de fabrication par kilogramme : pour les médailles d'or, à 391 francs, lorsqu'elles étaient frappées avec des coins appartenant à l'administration, et à 353 francs, si les coins étaient fournis par les particuliers ; pour les médailles d'argent et les jetons à pans, à 56 fr. 47 dans le premier cas et à 50 fr. 47 dans le second. Ces prix étaient réduits à 41 fr. 47 et à 37 fr. 47 pour les jetons ronds. Le prix des médailles de bronze ou de cuivre variait suivant les modules.

Qu'il s'agît de médailles d'or, d'argent, de bronze ou de cuivre, une partie du prix fixé par le tarif était retenue au profit du Trésor. Pour les médailles des deux premières catégories, cette retenue remplaçait le droit de garantie dont ces médailles étaient dispensées. Pour celles de bronze et de cuivre, elle était la compensation des dépenses qu'entraînait l'exercice du contrôle administratif.

L'or et l'argent ouvragés sont soumis à un droit de contrôle ou de garantie, dont le payement est constaté par l'application d'une marque faite au poinçon dans des bureaux spéciaux. Cette marque indique le titre, c'est-à-dire la quantité de métal fin contenu dans l'objet contrôlé.

Le contrôle est donc utile à la fois au fabricant, dont il garantit les produits, et au consommateur, qu'il protège contre la fraude. C'est un service rendu qui oblige, d'ailleurs, l'État à l'entretien d'un personnel spécial et qui justifie la perception d'un droit. Aussi le droit de contrôle existe-t-il depuis près de trois siècles [1]. Momentanément aboli, avec tous les autres impôts indirects en avril 1791, il a été rétabli par la loi du 19 brumaire an VI.

Cette loi, qui a posé les bases de la législation sur la garantie des ouvrages d'or et d'argent, astreint les fabricants français à ne livrer au commerce que des bijoux aux titres de 920, 840 et 750 millièmes pour l'or [2] et de 950 et 800 millièmes

---

1. Les droits de marque et de contrôle remontent à un édit de Henri III de 1579, que Louis XIII a modifié en 1631; mais c'est seulement quarante ans plus tard que les perceptions, assises sur de nouvelles bases par la déclaration du 31 mai 1672, ont été régularisées.

2. Une loi du 25 janvier 1884 a créé un quatrième titre à 583 millièmes pour la fabrication des boîtes de montres d'or destinées à l'exportation.

Cette même loi a autorisé les fabricants d'orfèvrerie, joaillerie, bijouterie et boîtes de montres à fabriquer à tous autres titres

pour l'argent. Le droit à payer au Trésor par les assujettis avait été fixé (art. 6) à 20 francs par hectogramme d'or et à 1 franc par hectogramme d'argent non compris les frais [1] dus à l'essayeur. Une loi du 30 mai 1872 l'a élevé à 30 francs par hectogramme d'or et à 1 fr. 60 par hectogramme d'argent, auxquels s'ajoutent deux décimes et demi par franc.

La loi de l'an VI avait placé le service de la garantie dans les attributions de l'administration des monnaies, en réservant à la régie de l'enregistrement le recouvrement matériel des droits. L'administration des monnaies avait donc, sous cette seule réserve, la direction entière du service, personnel et matériel. Elle ordonnait et dirigeait la surveillance chez les assujettis, constatait les contraventions à la loi et les poursuivait devant les tribunaux. Elle exerçait son action au moyen d'agences, dites *bureaux de garantie*, établies dans les principaux centres de population. Ces bureaux étaient composés d'un contrôleur chef de service, nommé par le ministre des finances sur la proposition de l'administration des monnaies, d'un essayeur

---

des objets d'or et d'argent exclusivement destinés à l'exportation. Les objets ainsi fabriqués à tous titres ne reçoivent pas l'empreinte des poinçons de l'État; mais ils doivent être marqués avec un poinçon de maître, indiquant le chiffre de l'alliage.

1. Les droits d'essai sont de 3 francs par poids de 120 grammes d'or et de 80 centimes par pesée de deux kilogrammes d'argent.

nommé par le préfet et d'un receveur nommé par
la régie.

La loi du 5 nivôse an XII remplaça la régie de
l'enregistrement par celle des droits réunis, sans
rien changer aux attributions de l'administration
des monnaies. On ne tarda pas à reconnaître les
inconvénients qu'il y avait à ce que les contrôleurs
des bureaux de garantie ne fussent pas subordonnés,
comme les receveurs, aux chefs locaux du service
des contributions indirectes. Un arrêté ministériel
du 7 floréal an XIII essaya d'un moyen terme, en
plaçant les contrôleurs sous la surveillance des
directeurs et des inspecteurs de la régie; mais ce
palliatif fut insuffisant et une ordonnance du
5 mai 1820 trancha la difficulté en rattachant les
contrôleurs de la garantie à la régie des contributions indirectes. L'administration des monnaies ne
garda plus que le contrôle des opérations techniques.
On essaya d'abord de donner à ce contrôle
technique de grandes porportions. Quatre inspecteurs, un chef et un sous-chef devaient en composer
le personnel. On s'aperçut bien vite qu'on avait
créé un état-major sans fonctions réelles. Les nouveaux emplois furent supprimés à l'exception d'un
seul, qui a subsisté jusqu'en 1879.

L'ordonnance du 26 décembre 1827 a confirmé
et rendu définitive la séparation d'attributions prononcée par celle du 5 mai 1820. Tout ce qui con-

cerne le régime administratif, la proposition et le
règlement des dépenses, la perception des droits,
l'ordre des bureaux, la surveillance des redevables,
a été maintenu à la régie des contributions indirectes. L'administration des monnaies est restée
seulement chargée de faire confectionner par son
graveur général, aux frais de cette régie, et d'expédier aux bureaux de garantie les poinçons et les
bigornes qu'exige leur service ; de s'assurer, au
moyen de vérifications opérées par un inspecteur
spécial, de la conservation et du bon emploi de ces
instruments, ainsi que de l'exactitude des procédés
employés par les essayeurs. Elle a continué aussi
de délivrer aux essayeurs du commerce et aux
essayeurs des bureaux de garantie, à la suite d'un
examen passé à son laboratoire, les certificats de
capacité dont ces agents doivent être pourvus avant
d'entrer en fonction, et de statuer sur les difficultés
relatives au titre ou à la marque des lingots et des
ouvrages d'or et d'argent, conformément aux lois
des 22 vendémiaire an IV et 19 brumaire an VI.

Ces attributions ont été confirmées à l'administration des monnaies par l'arrêté du 25 juin 1871,
qui lui avait conservé ainsi, à l'égard de la garantie
des ouvrages d'or et d'argent, le rôle modeste, mais
utile, qui convient à la nature et à la spécialité de
ses autres fonctions.

La fabrication des timbres-poste n'a commencé

en France qu'en 1849. Après un essai de régie qui
a duré jusqu'au 1er juin 1851, cette fabrication avait
été confiée à un entrepreneur comptable, opérant
dans des conditions analogues à celles du directeur
de la fabrication des monnaies. Cet entrepreneur
imprimait les timbres, sous le contrôle de la Commission des monnaies, dans des ateliers dépendant
de l'hôtel de Paris, avec un outillage et des ouvriers
à lui. Il était payé par l'administration des postes
à mesure de ses livraisons, à raison de tant par
mille figurines. Le prix de ces figurines, fixé d'abord
à 1 fr. 50 le mille, était réduit en dernier lieu à
60 centimes les 500 premiers millions et à 50 centimes le surplus. L'entrepreneur avait à sa charge
toutes les fournitures et toute la main-d'œuvre.
L'État ne supportait que la dépense du personnel
de contrôle.

L'entreprise a cessé depuis le 1er juillet 1876, et
l'on est revenu, pour la fabrication des timbres-poste,
à la régie au compte de l'État. Cette régie, confiée
provisoirement à la Banque de France, a été rat-
tachée définitivement au ministère des postes à
partir de 1880.

V

Ainsi deux hôtels des monnaies, librement et directement ouverts à toutes les personnes qui voulaient apporter des matières précieuses pour les faire convertir en espèces ; deux entrepreneurs comptables exécutant, l'un à Paris, l'autre à Bordeaux, avec leur outillage et leurs ouvriers, toutes les opérations qu'entraîne cette conversion, sauf la gravure des coins, qui restait confiée à un troisième entrepreneur ; des agents administratifs contrôlant matériellement toutes ces opérations, à l'exception de la préparation des flans ; une administration centrale dirigeant le travail des uns et des autres, jugeant les fabrications et assurant l'exécution des règlements ; le ministre des finances préparant ces règlements et les soumettant, quand il y avait lieu, à la sanction des pouvoirs publics ; enfin, la Cour des comptes exerçant son contrôle judiciaire sur la gestion des deux entrepreneurs de la fabrication ; telle était l'organisation du service monétaire en 1879.

Si on compare cette organisation à celle de 1789, on constate, à ne considérer que l'ensemble, de grandes analogies entre elles. En effet, en 1879

comme en 1789, la fabrication était confiée à des
entrepreneurs comptables travaillant à leurs risques
et périls et recevant des porteurs de matières une
rémunération proportionnée à la quantité de pièces
qu'ils frappaient. Comme en 1789, les opérations
de ces entrepreneurs étaient contrôlées par des
agents de l'État; l'administration des monnaies
dirigeait ce contrôle et jugeait souverainement les
fabrications, comme avait fait la Cour des monnaies;
le ministre des finances préparait les règlements
monétaires, comme le contrôleur général les avait
préparés; enfin les nouveaux directeurs de la fabrication étaient justiciables de la Cour des comptes,
comme les anciens directeurs étaient justiciables de
la Chambre des comptes.

Mais lorsqu'on entre dans le détail et qu'on exa-
mine les moyens d'exécution, les divergences s'ac-
cusent et la nouvelle organisation apparaît avec son
incontestable supériorité. Et d'abord, cette organisation était débarrassée de la confusion d'attributions
et de l'hérédité des offices, qui avaient été si pré-
judiciables, sous l'ancien régime, à la bonne exécution du service monétaire. Tous les agents de ce
service, uniquement attachés à leurs fonctions et
soumis à la révocation, n'étaient plus détournés de
leurs devoirs par des préoccupations ou des intérêts
contraires. Des attributions mieux définies rendaient
leur tâche plus facile et plus sûre. Anciennement,

les directeurs étaient responsables des espèces qui portaient leur marque, bien qu'ils ne fussent pas maîtres de leur manipulation, ni libres de choisir les ouvriers qu'ils y employaient. A partir de l'an XI, les directeurs restent responsables ; mais une indépendance absolue leur est laissée pour la conduite de leurs travaux, aussi bien que pour le choix de leurs ouvriers. Une seule condition leur est imposée, c'est de ne laisser jamais en souffrance les bons qu'ils souscrivent. Le Contrôle, payé par l'État sur les fonds généraux du budget et dégagé de toute sujétion vis-à-vis des directeurs, n'intervient que pour assurer la régularité des fabrications.

Le progrès est surtout sensible dans les garanties dont ont été entourés le monnayage et le jugement des espèces. La concentration dans les mêmes mains de la gravure des poinçons et de la multiplication des coins a donné à nos monnaies une complète uniformité. Les perfectionnements successivement apportés aux procédés de fabrication ont concouru au même résultat. La presse et la virole brisée, en même temps qu'elles rendaient le monnayage plus rapide, plus économique et plus sûr, ont accru singulièrement les difficultés de la contrefaçon. En effet, l'emploi de la virole brisée ne permet pas seulement de frapper d'un seul coup la tranche et les deux côtés de la pièce ; il offre encore deux avantages importants. Il rend l'imitation fraudu-

leuse des monnaies plus facile à apercevoir. Les
lettres de la tranche étant, avec la virole brisée, toujours à la même place, si l'on applique deux pièces
l'une sur l'autre, la légende entière doit occuper sur
ces deux pièces les mêmes points par rapport à la
tête et au revers ; la plus légère différence est une
preuve de falsification. Le second avantage de la
virole brisée consiste à rendre impossible l'altération de la pièce par la rognure, qui ne peut s'exécuter sans attaquer la saillie des lettres de la tranche.
La disparition complète ou partielle de ces lettres
serait facilement aperçue, tandis que le billonneur
avait la possibilité de les faire reparaître au moyen
de petits poinçons faits exprès, lorsque la légende
était en creux.

Nous avons signalé les inconvénients qu'entraînait, pour la circulation et pour les directeurs eux-
mêmes, le jugement provisoire rendu par les juges-
gardes d'après l'analyse de l'essayeur de chaque
Monnaie, et que la Cour des monnaies venait con-
firmer ou réformer une ou plusieurs années
après que les pièces avaient été mises en circulation.
A partir de l'an XI, toutes les espèces ont été
jugées définitivement par l'administration ou la
commission des monnaies à mesure qu'elles étaient
fabriquées et ce jugement a été entouré de précautions qui mettaient le public à l'abri de toute émission irrégulière et les directeurs à couvert contre

toute revendication tardive. Des contre-essais faits à la fin de l'année, dans les mêmes conditions que pour les espèces nouvellement émises, sur des pièces prises au hasard dans la circulation servaient à constater la fidélité de ces émissions, sans pouvoir donner lieu à aucun recours contre les directeurs.

Enfin la tolérance de titre, qui était en 1789 de 16 millièmes pour les monnaies d'or et, pour celles d'argent, de 10 millièmes *au-dessous* du titre légal, avait été abaissée uniformément à 2 millièmes pour les deux catégories de pièces. Ces 2 millièmes, qui se sont réduits dans la pratique à moins de 1 millième, étaient admis *au-dessus et en-dessous* du titre légal, ce qui a permis les compensations et rendu, en fin de compte, les fabrications presque absolument droites de titre, comme de poids[1].

Cet abaissement de la tolérance de titre, si important au point de vue de l'intégrité de la monnaie, a été beaucoup facilité par une réforme qui a été introduite, il y a un peu plus de cinquante ans, dans le mode d'essai des alliages d'argent et dont l'hon-

---

[1]. Les résultats des dernières fabrications justifient cette assertion. De 1871 à 1877 inclusivement, il a été monnayé en France pour 741 millions d'or et pour 364 millions d'argent. Le bénéfice définitif réalisé par le Trésor sur cette fabrication totale de plus d'un milliard n'atteint pas 67.000 francs. Ce bénéfice se convertirait même en une perte de près de 10.000 francs, si on ne considérait que les résultats des trois dernières années. Or, avant 1789, la même fabrication aurait rapporté à l'État, du fait seul des tolérances de titre, plus de 15 millions. Cet écart permet de mesurer la distance qui sépare les deux systèmes.

neur revient à la France. Jusqu'en 1830, les essais
d'argent s'étaient faits, comme ceux d'or, par le procédé de la coupellation ; mais tandis que ce procédé
donnait pour les alliages d'or des résultats d'une
rigoureuse exactitude, il n'en était pas de même
pour l'argent. Par suite de la volatilisation plus
grande de ce dernier métal, la coupelle retenait une
quantité variable d'argent fin, qu'il n'était pas possible d'apprécier et qui faussait l'opération. Ce vice
de la coupellation appliquée aux essais des alliages
d'argent était connu depuis longtemps et depuis
longtemps on cherchait à y porter remède. Une
commission, nommée le 28 novembre 1829 pour
étudier la question, arriva à déterminer que le titre
accusé par la coupellation était, pour l'argent, inférieur de 4 à 5 millièmes à la réalité. Elle proposa de
substituer à ce procédé l'essai par la *voie humide*,
avec les perfectionnements que Gay-Lussac y avait
apportés et qui en écartaient toute erreur. Cette proposition fut adoptée par le gouvernement et une ordonnance du 6 janvier 1830 imposa au laboratoire
de l'administration des monnaies, aussi bien qu'aux
essayeurs des bureaux de garantie et aux essayeurs
du commerce, l'obligation d'employer exclusivement le procédé de la voie humide pour l'essai des
alliages d'argent.

La détermination du titre s'obtient, dans l'essai
par la voie humide, au moyen d'une dissolution

titrée de sel marin. L'alliage, préalablement dissous dans l'acide nitrique, est mêlé avec la dissolution saline qui précipite l'argent à l'état de chlorure, composé insoluble dans l'eau et même dans les acides. La quantité de chlorure d'argent précipitée est déterminée par le poids ou le volume de la dissolution titrée de sel marin, en partant de cette base expérimentale qu'il faut 100 grammes ou 100 centimètres cubes de dissolution pour précipiter exactement un gramme d'argent pur. Cette base quantitative est divisée en mille parties, appelées millièmes. Le titre d'un alliage d'argent est donné par le nombre des millièmes de dissolution saline nécessaire pour précipiter l'argent contenu dans un gramme de cet alliage.

CHAPITRE III

Organisation actuelle

En résumé, sauf quelques rares essais d'exploitation directe qui n'ont pas été heureux, la fabrication des monnaies avait toujours été confiée en France, avant comme depuis 1789, à des fermiers ou entrepreneurs, auxquels l'État déléguait le droit de convertir en espèces, sous sa surveillance, les métaux précieux apportés au change des Hôtels monétaires. Le régime de l'entreprise est le seul, notamment, qui ait été en vigueur depuis l'arrêté du 10 prairial an XI ; toutefois ce régime a traversé depuis l'an XI, deux phases bien distinctes. Dans l'organisation de l'an XI, les matières étaient reçues par un caissier, qui donnait au porteur ses bons en payement. Ce caissier les livrait à l'entrepreneur ou directeur de la fabrication sur son récépissé et était ainsi valablement libéré ; mais, si le directeur venait à faillir avant le payement des bons, le Trésor en était responsable.

L'ordonnance du 27 décembre 1827, qui ouvre la seconde période, a mis fin aux risques que ce système faisait courir à l'État, en rendant le directeur seul responsable envers les porteurs de matières. Le caissier a été remplacé par un contrôleur, chargé de surveiller toutes les opérations du change, c'est-à-dire l'entrée des matières et la sortie des espèces. Le directeur de la fabrication restait maître de ses fontes et de la conduite de ses travaux ; mais il était soumis aux vérifications du commissaire, chef du contrôle local, qui était tenu de faire, au moins une fois par mois, l'inventaire de la caisse du change et des matières existant dans les ateliers. A partir du moment où ces matières étaient remises au monnayage sous la forme de flans, le contrôle redevenait permanent et le directeur n'en avait plus la libre disposition jusqu'au payement des bons.

Dans la pensée du gouvernement, le contrôle du change et les vérifications mensuelles des ateliers devaient rendre impossible toute tentative de fraude de la part des directeurs, et il faut reconnaître que jusqu'à ces derniers temps cette confiance n'avait pas été trompée. En effet, s'il y a eu des déconfi-

tures de directeurs de monnaies, les porteurs de
bons n'en avaient pas souffert. Mais un détourne-
ment considérable, constaté à la Monnaie de Bordeaux dans les derniers mois de 1878, a démontré
que le système inauguré par l'ordonnance de 1827
n'offrait pas de garanties suffisantes au public, et les
porteurs de matières ont été amenés à réclamer la
responsabilité de l'État. Or cette responsabilité ne
pouvait se concilier avec le maintien de l'entreprise, au moins telle qu'elle était pratiquée depuis
1827.

I

Le système de l'entreprise appliqué à la fabrication des monnaies n'avait pas, d'ailleurs, été maintenu sans contestation jusqu'en 1879. A plusieurs
époques, on s'était demandé s'il ne convenait pas
d'y substituer l'exploitation en régie. La question
avait été soulevée, notamment en 1843, devant la
Chambre des députés. Le gouvernement avait introduit, dans le projet relatif à la démonétisation et à
la refonte des espèces de billon et de cuivre, une
disposition qui concentrait la fabrication des mon-

naies dans un seul établissement, celui de Paris, et la confiait à une régie administrative.

La commission nommée par la Chambre modifia la seconde partie de la disposition en ce sens que la question de la mise en régie, au lieu d'être résolue immédiatement, devait être réservée. Le gouvernement accepta cette rédaction nouvelle qui ne changeait rien au fond ; car tout le monde reconnaissait que l'entreprise ne serait plus possible lorsqu'il n'existerait plus de concurrence, mais un établissement unique à Paris ; le directeur entrepreneur, se trouvant seul investi du droit de fabriquer les monnaies, jouirait en réalité d'un monopole qui ne saurait appartenir à un particulier. Donc, admettre la centralisation, c'était admettre en principe la mise en régie.

Dans le sens du projet, on signalait la nécessité d'une réforme complète des procédés de fabrication pour assurer la bonne exécution des monnaies d'or et d'argent. Or les dépenses que cette réforme devait entraîner étaient telles qu'on ne pouvait songer à les réaliser dans les sept hôtels qui restaient en activité. On ajoutait que, pour donner à la monnaie l'identité absolue qui doit être son caractère et pour obtenir une exécution irréprochable, si essentielle pour empêcher le profit que peut procurer la refonte, enfin pour rendre le faux monnayage plus difficile, un établissement unique, placé sous les yeux et dans la main de l'administration, offrait un avantage considérable. On faisait encore ressortir, dans un autre ordre d'idées, l'entraînement que l'industrie privée pouvait avoir à exagérer le monnayage et à le pousser au delà des besoins réels, dans le seul but d'éviter le chômage.

Ceux qui repoussaient la centralisation et sa conséquence inévitable, la régie, soutenaient que l'État, le jour où il fabriquerait lui-même les monnaies, se trouverait exposé à tous les périls des opérations commerciales. Ils ajoutaient que le système de la régie priverait le public de toute garantie, et que les perfectionnements désirés dans les procédés de fabrication seraient plus sûrement obtenus de la concurrence que du monopole, ce monopole fût-il entre les mains de l'État. Les adversaires du projet faisaient encore ressortir le préjudice que la suppression des hôtels de province causerait à certains intérêts privés et aux villes elles-mêmes dans lesquelles ces hôtels étaient établis. Ils disaient enfin que la centralisation pourrait se faire plus tard, lorsque les chemins de fer auraient été établis partout, qu'alors elle viendrait naturellement et ne serait plus l'objet de réclamations fondées; mais qu'avec les moyens de transport encore très insuffisants dont on disposait, il y avait un inconvénient réel à mettre les négociants dans l'obligation d'envoyer à Paris, de tous les points, les lingots qu'ils voudraient convertir en espèces. On allait même jusqu'à exprimer la crainte que certaines provinces ne fussent privées de numéraire.

Tels étaient à peu près les arguments invoqués de part et d'autre. Après une longue discussion, l'article de la loi qui établissait la centralisation et qui contenait le principe de la mise en régie, fut voté à une assez forte majorité; mais, dans la même séance, la Chambre des députés se déjugeant repoussa l'ensemble du projet. Comme le ministre des finances, M. Lacave-Laplagne, l'a expliqué plus tard, ce résultat négatif était dû à une cause toute spéciale : le projet de loi comportait une demande de crédit de 13 millions; c'est contre ce crédit de 13 millions qu'avait été dirigé le vote final de la Chambre de 1843, vote qui n'impliquait nullement que la majorité fût hostile à la réforme du système de fabrication.

Quant au gouvernement, il restait convaincu de l'utilité de cette réforme et, s'il n'en avait pas renouvelé la proposition en mars 1845 lors de la présentation à la Chambre du projet rejeté en 1843, il avait montré qu'il était toujours décidé à la préparer, en supprimant les hôtels des monnaies de Marseille, de Lyon et de Rouen, et en annonçant l'intention de supprimer les autres Monnaies de province, à mesure que les emplois de directeur viendraient à vaquer.

L'opinion s'était d'ailleurs prononcée en faveur de la centralisation et de la mise en régie. Le commerce de Paris, notamment, avait réclamé avec instance l'application du nouveau système par l'organe de sa Chambre, qui avait soumis l'étude de la question à une commission spéciale. Le rapporteur de cette commission, M. d'Eichthal, avait fait ressortir avec beaucoup de force l'inconvénient attaché au système de l'entreprise au point de vue de l'excès possible de la fabrication : « Le fermier, disait M. d'Eichthal, ne négligera rien pour augmenter sa fabrication, soit pour le public, soit pour son compte, en achetant tous les lingots qu'il pourra obtenir à un prix qui lui laissera, sinon la totalité, du moins une partie de son bénéfice; et, plus ce bénéfice sera faible, plus il aura besoin de le multiplier pour obtenir une rémunération satisfaisante de son industrie et de ses capitaux.

« Le fermier ne joue pas, comme la régie, un rôle passif; il n'est plus une simple machine toujours prête à fournir aux besoins de la circulation; c'est un industriel sans cesse à la recherche de la matière première, dont la manutention est la seule source de son bénéfice. »

En 1852, le nouveau projet de loi, tendant à la refonte des monnaies de cuivre, fut présenté au Corps législatif, sans que la question de mise en régie fût soulevée; mais le gouvernement réserva toute sa liberté sur le mode à employer pour l'exécution de l'opération et déclara qu'il ne voulait prendre aucun engagement vis-à-vis des directeurs des Monnaies, comme on cherchait à l'y amener par un amendement qui modifiait la rédaction primitive du projet.

Enfin, dans la conférence de 1878, l'attention des délégués des États composant l'Union latine s'est portée sur le mode adopté dans les différents pays du monde pour la fabrication des monnaies. Il a été constaté que cette fabrication se faisait presque partout[1] en régie, et on a été conduit à examiner si l'union monétaire ne devrait pas adopter ce dernier système ou tout au moins un tarif commun de monnayage. Un grand nombre de délégués parurent pencher pour l'affirmative; le ministre des finances, M. Léon Say, se prononça pour la mise en régie de la fabrication; mais, comme la question sortait des termes précis d'un programme déjà fort étendu, elle ne put être discutée.

---

1. La Belgique et les Pays-Bas sont les deux seuls pays où la fabrication des monnaies se fasse encore à l'entreprise.

II

Cette question était donc agitée depuis longtemps et, on peut dire, résolue en principe, lorsque l'incident de Bordeaux est venu rendre inévitable la substitution de la régie à l'entreprise. Cette substitution a été consacrée par une loi du 31 juillet 1879.

L'article 1er de cette loi portait que la fabrication des monnaies serait exécutée par voie de régie administrative, sous l'autorité du ministre des finances, et fixait à six mois le délai dans lequel cette régie devait être organisée. L'article 2 laissait à un règlement d'administration publique le soin de déterminer les conditions d'admission des matières au change et spécialement le montant des frais de fabrication; mais il stipulait que ces frais devraient être établis conformément au principe posé par le paragraphe 1er de l'article 11 de la loi du 7 germinal an XI, c'est-à-dire qu'ils ne devraient pas dépasser le prix de revient. L'article 3 indiquait les conditions nécessaires pour donner au bon de monnaie sa forme légale : délivré par le caissier de la régie en échange des matières d'or et d'argent, il formait titre contre le Trésor, à condition d'être visé immédiatement et séparé de son talon par le contrôleur de la Monnaie. Comme les effets négociables du Trésor, ce bon était exempté du droit et de la formalité du timbre. L'article 4 créait une *commission de contrôle de la circulation monétaire*, composée de neuf membres désignés : un par le Sénat, un par la Chambre des députés, un par le Conseil d'État, un par la Cour des comptes, un par le Conseil de régence de la Banque de France, deux par l'Académie des sciences et deux par la Chambre de commerce de Paris. La commission devait s'assurer de la régularité de l'émission des pièces au point de vue du poids et du titre ; à cet effet, elle faisait vérifier à la fin de chaque année des échantillons prélevés sur chacune des brèves admises en délivrance dans le cours de l'année, ainsi que des pièces extraites de la circulation (art. 5). Elle remettait au président de la République un rapport sur les résultats de la vérification annuelle. Ce rapport devait être publié et distribué au Sénat et à la Chambre des députés (art. 6).

On avait prétendu en 1843, et c'est l'objection la plus sérieuse qui ait été produite contre la régie monétaire dans la discussion engagée à cette époque devant la Chambre des députés, on avait prétendu qu'il y aurait moins de garantie pour le public avec ce système qu'avec la fabrication faite à l'entreprise sous le contrôle de l'État. L'entreprise contrôlée,

disait-on, met en présence deux intérêts opposés
qui se contiennent l'un l'autre, et cet antagonisme
profite au public, qui trouve contre l'entrepreneur
la garantie de l'État et contre l'État celle de l'entrepreneur. Cette double garantie disparaît avec la
régie; car l'État y devient juge et partie dans sa
propre cause. C'est l'État qui vérifierait seul, dans
le système de la régie, les lingots destinés au monnayage; c'est lui qui prononcerait sans appel sur
les contestations auxquelles ces vérifications pourraient donner lieu; c'est lui encore qui détermine-
rait le titre des espèces mises en circulation. Dans
ces conditions, ne peut-on pas craindre que l'État
cède à la tentation d'abaisser un peu le titre des
métaux précieux qu'on apporterait au change et de
forcer au contraire celui des pièces qu'il livrerait à
la circulation.

La création de la commission de contrôle de la
circulation monétaire répond à l'une des préoccupations qui se sont fait jour en 1843. Cette commission, dans laquelle les pouvoirs législatifs, l'administration, la science et le commerce sont représentés, a toute l'autorité et toute l'indépendance
nécessaire pour juger les émissions faites chaque
année par la régie. Par conséquent, son intervention assure pleinement la sécurité de la fabrication.
Nous verrons plus loin la mesure qui a été prise
pour dissiper les craintes exprimées au sujet du

titre des métaux précieux apportés au change.

La loi du 31 juillet 1879 s'était bornée à trancher le principe de la mise en régie de la fabrication et à réglementer les points qui se rattachaient essentiellement à l'application de ce principe. Deux décrets des 31 octobre et 20 novembre de la même année ont complété cette réglementation.

Le décret du 31 octobre 1879 maintient à 6'70 par kilogramme au titre monétaire pour les matières d'or et à 1'50 pour les matières d'argent les frais de fabrication à exiger des porteurs (article 1er). Les articles 2, 3 et 4 fixent les conditions d'admission au change des matières. Ces conditions sont les mêmes que celles qui étaient en vigueur avec l'entreprise, sauf en un point cependant. Sous le régime de l'entreprise, le porteur de matières était tenu d'accepter le titre déclaré par l'essayeur du directeur ou, s'il contestait ce titre, de se soumettre à la décision de l'administration, quelle qu'elle fût. L'article 4 permet au déposant de reprendre son apport, s'il n'accepte pas le résultat du contre-essai opéré, en cas de contestation, par le second laboratoire de la Monnaie. Cette faculté assure au commerce une sérieuse garantie contre les abus possibles dans le titrage des métaux précieux présentés au change, et c'est à cette seconde garantie que nous venons de faire allusion.

Une autre facilité est accordée au commerce par

l'article 5 du décret du 31 octobre 1879, qui substitue, au simple reçu non négociable que l'entrepreneur remettait à la partie versante, des bons nominatifs ou au porteur et transmissibles par voie d'endossement. Les articles 6 à 12 règlent, sans rien changer non plus aux pratiques usitées sous l'entreprise, le mode de titrage des fontes et des pièces à passer en délivrance ; ils règlent également, et dans les mêmes conditions, le mode de prélèvement des échantillons destinés aux vérifications de l'administration et de la commission de contrôle, ainsi que les formalités auxquelles est subordonnée la délivrance des espèces monnayées. Les articles 13 et 14 confirment, en y ajoutant quelques détails d'exécution, les attributions de cette commission.

Le décret du 20 novembre 1879 a organisé le service monétaire et défini les attributions des fonctionnaires et agents dont il se compose. Ce service comprend l'administration proprement dite et la régie de la fabrication, placées l'une et l'autre sous l'autorité d'un directeur général, exerçant seul et sans l'assistance d'un conseil d'administration, toutes les attributions qui lui sont dévolues : direction et surveillance de toutes les parties du service ; correspondance ; jugement des fabrications ; nomination aux emplois inférieurs ; présentation pour tous les autres emplois ; ordonnancement des dépenses ; préparation du budget. En cas d'empêchement ou d'absence, le directeur général est remplacé par le sous-directeur.

L'administration, dont les attributions restent telles que l'arrêté du 25 juin 1871 les avait fixées, est composée du secrétariat et du musée monétaire. Le comité consultatif des graveurs, établi en 1832 près la commission des monnaies, est maintenu.

La régie de la fabrication se partage en sept divisions : 1° le bureau de change ; 2° le service des essais ; 3° le service des travaux ; 4° le service de la gravure ; 5° le service des machines ; 6° le bureau de vente des médailles ; 7° le contrôle.

Le bureau du change est tenu par un fonctionnaire qui a le titre de caissier agent comptable de la Monnaie. Le caissier reçoit, en présence du contrôleur au change, les matières d'or ou d'argent destinées à la fabrication des espèces et des médailles, et en prend charge ; il remet aux porteurs, en échange de ces matières et pour leur valeur au tarif, des bons à l'échéance fixée par le ministre des finances[1] ; il livre les matières au chef des travaux contre son reçu ; il encaisse les espèces passées en délivrance, pour en appliquer le montant au payement des bons, et en donne reçu au chef des travaux ; il encaisse le produit de la vente des médailles et tous

____

1. Un arrêté du ministre des finances du 27 décembre 1879 a fixé à dix jours l'échéance des bons de monnaie à délivrer contre le versement de matières d'or.

les autres produits de la régie et en délivre récépissé
à qui de droit. Les bons, récépissés et reçus que délivre le caissier sont extraits de registres à souches
et visés par le contrôleur au change, qui constate,
contradictoirement avec le caissier, les entrées et
les sorties de matières et d'espèces. Les unes et
les autres sont renfermées dans une caisse à deux
serrures ; l'une des clefs reste entre les mains du
caissier, l'autre dans celles du contrôleur au change.
Le caissier adresse chaque mois à la direction générale de la comptabilité publique au ministère des
finances : 1° une copie de la balance de son grand-
livre ; 2° un résumé de ses recettes et de ses dépenses ; 3° les pièces justificatives de ces opérations. Il
rend un compte annuel à la Cour des comptes.
Enfin le caissier est tenu de verser, avant d'entrer
en fonctions, un cautionnement de 50.000 francs.

Le bureau de vente des médailles, quoique formant
un service séparé et ayant à sa tête un préposé
assujetti également à un cautionnement, opère sous
la responsabilité du caissier. Le préposé à la vente
des médailles reçoit du chef des travaux les
médailles passées en délivrance et en donne reçu.
Il établit les factures au prix du tarif arrêté par
le ministre des finances[1] et les met en recouvrement. Il est tenu de délivrer à chaque partie

1. Ce tarif, arrêté le 27 décembre 1879, a été modifié les 6 février 1882 et 2 août 1884.

versante une quittance extraite d'un registre à souche. Il verse jour par jour le produit de ses recouvrements au caissier, qui lui en donne reçu.

Le service des essais comprend deux laboratoires distincts : le laboratoire d'entrée, composé de deux essayeurs, est chargé de titrer les lingots apportés au change ; le laboratoire de sortie, composé d'un vérificateur, de deux essayeurs et d'un aide-essayeur, détermine le titre des fontes et des échantillons de monnaies ou de médailles. Ces deux laboratoires sont placés sous l'autorité d'un même fonctionnaire, le directeur des essais.

Les services des travaux, de la gravure et des machines ont, chacun, à leur tête un chef, qui a sous ses ordres tous les agents, contre-maîtres et ouvriers attachés à l'exécution du service.

Le chef des travaux dirige les opérations de la fonte, du laminage, du découpage, de l'ajustage, du blanchiment, de la frappe des flans et du traitement des cendres, en un mot toutes les opérations qu'entraîne la conversion des métaux en espèces ou en médailles. Des ateliers distincts sont affectés au traitement des matières d'or, d'argent ou de bronze. En outre, la fabrication des médailles est complètement séparée de celles des monnaies.

Le graveur exécute ou fait exécuter dans un atelier spécial les poinçons, coins et viroles nécescessaires à la fabrication des monnaies, ainsi que les poinçons et bigornes de la garantie.

L'ingénieur dirige la fabrication et l'entretien de tous les instruments et outils employés à la Monnaie ; il fait exécuter les travaux de réparation des ateliers ; il est dépositaire du cuivre et des autres métaux non précieux, des approvisionnements de charbon, bois, huiles, essences et de toutes les autres matières premières qui servent dans les ateliers.

Toutes les opérations de la régie sont soumises à un contrôle permanent. La direction de ce contrôle est confiée au sous-directeur, qui a sous ses ordres un contrôleur principal, des contrôleurs et des contrôleurs adjoints. Le sous-directeur arrête à la fin de chaque mois les registres du caissier, du préposé à la vente des médailles, du chef des travaux et des contrôleurs. Il procède personnellement, au moins une fois par mois et à des époques indéterminées, à la vérification des matières d'or ou d'argent et des espèces existant dans la caisse du change ou au bureau de vente des médailles. Les résultats de cette vérification sont constatés par un procès-verbal dont une ampliation est adressée à la direction générale de la Comptabilité publique. Le sous-directeur vérifie, aussi une fois par mois, les existences des ateliers de fabrication des monnaies, de la salle du monnayage, de la salle de délivrance, de l'atelier de fabrication des médailles ; il fait, au moins une fois par trimestre, l'inventaire des poinçons, coins, viroles et bigornes en dépôt dans l'atelier de gravure ; il fait tous les ans l'inventaire des approvisionnements existant dans les ateliers de la régie. Enfin, au 31 décembre de chaque année, la caisse du change et celle du bureau de vente des médailles sont arrêtées par le sous-directeur, et une ampliation de la situation établie à cette date est produite à la Cour des comptes avec le compte du caissier.

Le contrôleur principal remplace le sous-directeur en cas d'empêchement ou d'absence ; il est chargé spécialement du contrôle de la salle de la délivrance, c'est-à-dire de la vérification des poids et des empreintes des espèces et médailles fabriquées.

Nous avons indiqué les attributions du contrôleur au change, lorsque nous avons parlé du caissier agent comptable ; nous nous abstiendrons de détailler celles des autres contrôleurs. Nous nous bornerons à rappeler d'une manière générale que chaque service : ateliers pour la préparation des flans de monnaies, salle du monnayage, salle de la délivrance, atelier pour la fabrication des médailles et des instruments servant à cette fabrication, bureau de vente des médailles, atelier de gravure, magasin général, a son contrôleur spécial. Ce contrôleur tient écriture de tout ce qui entre dans le

service ou en sort, concurremment avec l'agent
d'exécution, vise les reçus donnés par cet agent et
a l'une des deux clefs des armoires à deux serrures
dans lesquelles doivent être renfermés les matières,
les espèces, les médailles, les instruments ou approvisionnements qui séjournent dans les ateliers ou
magasins.

Le directeur général, le sous-directeur et le directeur des essais sont nommés par le président de
la République sur la proposition du ministre des
finances.

Le ministre des finances nomme, sur la proposition du directeur général, aux emplois de chef des
travaux, de caissier, de chef du secrétariat, de contrôleur principal, de graveur, de vérificateur des
essais, d'ingénieur, de conservateur du musée monétaire et d'essayeur.

Le directeur général, en vertu de la délégation du
ministre des finances, nomme les titulaires de
tous les autres emplois.

La loi du 31 juillet et les décrets des 31 octobre
et 20 novembre 1879, dont nous venons d'analyser
les principales dispositions, ont posé les fondements
du nouveau service monétaire; mais pour compléter la nomenclature des actes qui ont contribué à
en assurer le fonctionnement, il nous reste à mentionner :

1° Deux lois des 5 août 1879 et 30 juillet 1881,

ouvrant des crédits extraordinaires pour l'installation de la régie ;

2° Une décision du ministre des finances du
27 décembre 1879 constituant un fonds de roulement à la régie ;

3° Une décision du conseil de régence de la Banque de France, du mois de janvier 1880, qui lui
ouvre un compte courant ;

4° Une loi du 21 décembre 1879, qui règle son
premier budget.

Les lois des 5 août 1879 et 30 juillet 1881 ont
ouvert : la première, un crédit de 900.000 francs
affecté à l'appropriation des ateliers et du matériel
de l'Hôtel des monnaies de Paris ; la seconde, un
crédit de 574.594 fr. 87, pour le rachat, dans les
conditions déterminées par le décret du 26 pluviose
an II et par la loi des 22-28 vendémiaire an IV, du
matériel ayant appartenu aux derniers entrepreneurs de Paris et de Bordeaux et au graveur général.

La décision ministérielle du 27 décembre 1879 a
constitué à la régie, au moyen d'une avance du Trésor, un fonds de roulement d'un million de francs.
Une disposition insérée au budget de 1881 lui attribue la moitié des bénéfices de l'exploitation pour
lui permettre de rembourser cette avance.

En acceptant les dépôts de métaux précieux et en

consentant à avancer, sans intérêt ni commission, la valeur intégrale des matières déposées au prix du tarif, la Banque de France a concédé à la régie des monnaies, par sa décision de janvier 1880, une facilité de service sans laquelle l'économie des travaux monétaires aurait pu se trouver singulièrement entravée. En effet, les arrivages de métaux précieux sont soumis aux plus grandes fluctuations ; abondants à un moment, ils deviennent rares ou absolument nuls à un autre moment. Cette intermittence des arrivages est une des plus grosses difficultés de la fabrication des monnaies.

Par conséquent, il est très important de pouvoir en restreindre les effets et de rendre le monnayage aussi égal que le comporte la nature des choses, c'est-à-dire de pouvoir suspendre la fabrication, quand les métaux se présentent au change en quantité insignifiante, et la modérer, quand les apports sont au contraire abondants, tout en désintéressant les porteurs. C'est à ce besoin que répond la faculté de dépôt accordée par la Banque à la régie des monnaies.

Enfin, jusqu'en 1879, le service monétaire avait fait l'objet dans la loi des finances d'une double imputation. Les dépenses de l'administration étaient comprises dans le budget ordinaire du ministère des finances ; les recettes et les dépenses des ateliers de fabrication formaient un budget annexe rattaché pour ordre au budget général de l'État. Le budget de la régie, tel qu'il a été réglé pour la première fois par la loi du 31 juillet 1879, présente cette même forme, c'est-à-dire celle d'un budget spécial. On a laissé à la charge du budget ordinaire les dépenses d'intérêt général : direction et surveillance supérieure de la fabrication, correspondance générale, service du musée monétaire, partie technique de la garantie, conservation et entretien des parties de l'Hôtel de Paris en dehors des ateliers, etc.; et on a maintenu ou transporté à un budget spécial les dépenses de personnel et de matériel afférentes à l'exploitation proprement dite. On a, notamment, compris dans ce budget spécial la fabrication des monnaies de bronze, qui avait jusqu'en 1880 fait l'objet d'un règlement à part. Ce règlement comprenait, en dépense, les frais de matière et de main-d'œuvre alloués à l'entrepreneur et, en recette, la valeur nominale des pièces fabriquées. L'excédent de cette recette était versé aux produits divers du budget; aujourd'hui il forme un des principaux éléments du bénéfice que fait ressortir le compte d'exploitation de la régie.

CONCLUSION

Nous avons terminé l'exposé du système et de
l'administration monétaires de la France. Il nous
reste à tirer les conclusions de cette étude, c'est-à-
dire à formuler notre opinion sur la valeur des deux
éléments qui composent l'ensemble de nos institutions monétaires.

I

Si nous ne nous trompons, cette opinion ressort
clairement de notre exposé même ; elle se résume
en une approbation complète du système français,
non pas tel qu'il fonctionne aujourd'hui, avec les
monnaies divisionnaires à titre réduit et la sus-

pension de la frappe des pièces de cinq francs
d'argent, mais tel que la loi de l'an XI l'avait
institué, c'est-à-dire avec le libre monnayage et la
force libératoire illimitée des monnaies d'or et
d'argent, ramenées au titre de 900 millièmes dans
toutes leurs divisions et subdivisions.

Nous croyons, en effet, que la série si bien coordonnée, si rationnelle et si pratique de nos monnaies d'or, d'argent et de bronze répond à tous les
besoins, à toutes les convenances des populations
et qu'il ne reste aucun progrès à réaliser sous ce
rapport. Nous croyons aussi, avec un éminent administrateur dont nous sommes heureux de pouvoir invoquer l'autorité, que la France doit en partie aux dispositions tutélaires de la loi de l'an XI
« la situation monétaire la plus large, la plus solide
« qui soit au monde[1] ; » et, ici encore, le seul
progrès à réaliser nous paraît être le retour pur et
simple à ces dispositions, quand les causes acciden-
telles qui en ont si profondément troublé l'application auront disparu.

Sans doute, dans les pays qui ont le double
étalon ou, plus exactement, la double monnaie d'or
et d'argent, des oscillations sont inévitables dans

1. Rapport fait au nom de la commission chargée d'examiner
le projet de loi relatif au droit de limiter ou de suspendre la fabrication des pièces de 5 francs d'argent, par M. Dutilleul, député
(Annexe au procès-verbal de la séance de la Chambre des députés du 26 juillet 1876).

le prix commercial des deux métaux précieux,
malgré le rapport que la loi établit entre eux ; car
ce prix est subordonné, d'une part, aux vicissitudes
de la production minière, de l'autre, aux variations
que l'abondance ou la pénurie des récoltes, la
prospérité ou la stagnation du travail industriel
déterminent dans les échanges et dans les balances
commerciales de contrées réglant les unes en or,
les autres en argent ; mais les écarts qui peuvent
se produire entre les prix des deux métaux sont
sans influence sur les transactions intérieures, contenus qu'ils sont par la loi, et leur effet sur les
changes est nul, à la condition que ces écarts soient
renfermés dans des limites très étroites et que
leur durée ne soit pas trop prolongée.

Or, c'est ce qui a toujours eu lieu, tant que les
variations du prix des deux métaux précieux ont
été abandonnées aux seules causes naturelles, et
n'ont pas été faussées par les actes arbitraires des
gouvernements. En fait, jusqu'en 1873 le rapport
légal de 1 à 15 ½ a représenté[1] le cours normal

1. Dans un précédent travail (*Notes et Tableaux pour servir à
l'étude de la question monétaire. —* Guillaumin 1884) nous avons
montré que le prix moyen de l'or sur le marché français, pour la
période comprise entre les années 1841 et 1872, avait été de
3.451f90 et celui de l'argent de 222f11 le kilogramme fin. Le pair
étant, en France, de 3.437 francs pour le premier métal et de
220f56 pour le second, l'écart entre ce pair et la moyenne constatée ressort à 14f90 ou 0,433 % sur l'or et à 1f55 ou 0,702 %
sur l'argent.
D'après ce même travail, sur le marché de Londres, qui est le

de l'argent, non pas seulement en France, mais dans le monde, en dépit de toutes les perturbations dans le rendement des mines, de toutes les catastrophes économiques, financières ou politiques. Pendant soixante-dix ans, tantôt l'une, tantôt l'autre monnaie a prédominé dans notre circulation; mais bien loin que ce mouvement alternatif lui ait été préjudiciable, la France a réalisé un bénéfice à chaque changement, en cédant avec prime le métal momentanément recherché et en comblant les vides de sa circulation avec l'autre métal.

A partir de 1873, des causes anormales viennent modifier radicalement la situation. A cette époque l'Allemagne, qui s'était montrée disposée, dès la fin de 1871, à passer de l'étalon unique d'argent à l'étalon unique d'or, se met en mesure de réaliser

plus grand marché du monde pour les métaux précieux, le kilogramme d'argent fin a valu en moyenne, de 1841 à 1872, 221f36, l'or restant au prix invariable de 3.444f44 le kilogramme fin. Par conséquent, l'argent a perdu, en Angleterre, 0f86 ou 0,387 % sur son pair intrinsèque qui est de 222f22.

Le double résultat relevé pour la France, pays à double étalon, et pour l'Angleterre, pays à étalon unique d'or, justifie pleinement, il nous semble, l'affirmation que le rapport français de 1 à 15 1/2 a bien représenté le cours normal de l'argent dans le monde jusqu'en 1872.

Il ne faut pas perdre de vue, d'ailleurs, que les variations du prix ont porté, en France, exclusivement sur les quantités d'or et d'argent exportées et que la masse circulante, celle qui sert aux transactions intérieures, n'en a jamais été influencée. A aucun moment, en effet, les marchandises n'ont été tarifées chez nous à un prix différent, selon qu'elles étaient soldées en or ou en argent.

sa réforme. Les États scandinaves suivent son exemple et bientôt aussi les États-Unis, qui étaient encore au régime du papier-monnaie. La France et la Belgique, menacées par le stock considérable d'argent que l'Allemagne démonétise, limitent, puis suspendent la frappe des pièces de cinq francs et amènent l'Italie à suivre leur exemple. Sauf les Indes britanniques, tous les autres États, aussi bien ceux à étalon d'argent que ceux qui avaient conservé le double étalon, interdisent le monnayage de l'argent. Au même moment, la demande de ce métal pour l'Orient diminuait, tandis que la production des mines augmentait.

Toutes ces causes réunies ont amené dans le prix de l'argent une baisse considérable, qui dure encore ; mais cette baisse est devenue l'argument le plus décisif en faveur de la double circulation métallique, parce qu'il repose sur des faits et non plus sur des théories ou des hypothèses. Le trouble profond, que la démonétisation partielle et l'exclusion temporaire de l'argent ont jeté dans les transactions du monde entier a permis aux gouvernements de mesurer les conséquences bien autrement graves qui se produiraient le jour où cette exclusion deviendrait définitive.

L'Angleterre, dont le système monétaire repose, en Europe, sur l'étalon d'or, en Asie, sur l'étalon d'argent, s'est émue de ces conséquences et a ouvert en 1876, une enquête, qui a révélé l'étendue du mal produit, au point de vue des changes anglo-indiens, par la baisse persistante et les oscillations du prix de l'argent. Dès 1875, les États-Unis d'Amérique, éclairés sur les difficultés que pouvait opposer à la reprise des payements en espèces la mesure précipitamment adoptée par eux en 1873, revenaient au système du double étalon et recommençaient à monnayer des dollars d'argent, mais en quantité limitée. En outre, sur leur initiative, une conférence internationale se réunissait à Paris, une première fois en 1878, une seconde fois en 1881, pour discuter les moyens de remédier à la crise générale produite par l'avilissement du prix de l'argent. Cette conférence s'est ajournée sans avoir abouti à aucune solution pratique; elle a eu pourtant un double résultat considérable : dans la session de 1878, tous les États représentés avaient reconnu la nécessité de maintenir dans le monde le rôle monétaire de l'argent, aussi bien que celui de l'or; dans celle de 1881, le gouvernement de Washington a été amené à déclarer qu'une entente, fondée sur l'emploi concurrent de l'or et de l'argent comme monnaie pleine, ne pourrait être réalisée qu'avec l'adoption du rapport français de 1 à 15 ½ entre les deux métaux. La conférence internationale de 1878-1881 a préparé ainsi le terrain sur lequel les États, désireux de mettre fin aux maux que cause à la circulation

générale la rupture de l'équilibre entre la monnaie
d'or et la monnaie d'argent, devront se réunir le
jour où la démonétisation allemande, suspendue
depuis 1879, sera achevée ou abandonnée et cessera
de peser sur leurs résolutions.

II

Pour achever nos conclusions, nous aurions
encore à apprécier la réforme qui a substitué, à
partir de 1880, l'exploitation par l'État au système
de l'entreprise appliqué jusqu'alors à la fabrication
des espèces; mais l'expérience est trop récente et
ses résultats trop incertains pour fournir une base
sûre à cette appréciation, qui ne pourrait, d'ailleurs,
porter que sur des détails d'organisation, le principe même du monnayage en régie devant rester
hors de cause.

La régie monétaire ne fonctionne que depuis
cinq années et dans des conditions peu favorables.
D'après les comptes rendus de 1880, 1881 et 1882,
les seuls qui aient été publiés, toutes ses opérations, en dehors de la fabrication courante de
médailles que le monopole lui assure, ont consisté :

1° A monnayer, pour le Trésor français, une

somme *annuelle* de 200.000 francs en pièces de bronze[1] et une somme totale de 7.893.300 fr. 50 en monnaies divisionnaires d'argent, cette dernière somme complétant, à 3 millions près, le contingent assigné à la France par la convention internationale de 1878;

2° à fabriquer, en petite quantité, des pièces d'argent haïtiennes et marocaines ;

3° à frapper plus de 30 millions de flans de bronze, que le gouvernement grec à fait livrer à la Monnaie de Paris, prets à être monnayés.

Or ces travaux, exceptionnels ou temporaires, sont, pour la régie des monnaies, de véritables hors-d'œuvre et l'on peut dire qu'en réalité cette régie, depuis sa création, n'a pu se livrer à aucune des opérations en vue desquelles elle a été plus particulièrement instituée, puisqu'elle n'a fabriqué ni monnaies nationales d'or ni pièces de cinq francs d'argent.

L'interdiction légale dont l'argent est momentanément frappé et, pour l'or, l'état des changes expliquent cette abstention, qui a continué en

---

1. La loi a fixé un maximum que l'émission des pièces de bronze ne doit pas dépasser. Par conséquent, toute fabrication de ces pièces devra cesser, quand la limite fixée aura été atteinte, ou même avant que cette limite ait été atteinte, si l'on vient à reconnaître que les quantités émises suffisent aux besoins réels de la circulation, et c'est ce qui ne tardera pas à se produire, nous le croyons.

1883 et 1884, et qui menace de se prolonger. Il s'en
suit que l'élément essentiel d'appréciation, celui
que peuvent seuls fournir les résultats acquis de
l'exploitation, manquerait au jugement que nous
pourrions porter aujourd'hui sur la nouvelle administration. En conséquence, nous préférons rester
sur la réserve, sauf à reprendre plus tard la question et à la traiter d'une manière spéciale, quand
nous verrons jour à pouvoir le faire utilement.

ANNEXES

ÉDIT DU ROY

QUI ORDONNE UNE FABRICATION DE NOUVELLES ESPÈCES D'OR
ET D'ARGENT.

(Donné à Marly, au mois de janvier 1726)

Louis par la grâce de Dieu, etc..... Par différents
édits donnez au mois de juin dernier, nous avons
pourvu à un fonds solide et assuré pour le remboursement successif du capital des rentes et autres
charges annuelles de notre Estat; et nous avons
pareillement destiné différens fonds pour acquitter
ce qui estait arriéré des années antérieures : mais
ces fonds n'estant pas à beaucoup près suffisans pour
satisfaire au payement entier des arrérages, qui
sont d'ailleurs considérablement augmentez par les
dépenses extraordinaires de la précédente année ;
après avoir retranché sur les pensions, sur les

troupes de nôtre maison, sur différentes autres
parties de dépenses, et même sur nôtre propre personne, tout ce qui a pu estre susceptible de diminution, il nous a paru indispensable de pourvoir au
surplus des fonds nécessaires pour acquitter la totalité de ce qui reste dû du passé, nous mettre au
courant de nôtre recette, et restablir l'ordre et
l'exactitude dans les payemens pour l'avenir; et
comme les deniers provenant de la levée du cinquantième, sont uniquement destinez à l'extinction
des capitaux des dettes de l'Estat, et que nôtre
intention est qu'il ne puissent estre employés à
d'autres usages, et qu'il serait également à charge
à nos peuples d'augmenter les impositions ou les
droits de nos fermes, ou de chercher dans des
traitez d'affaires ordinaires des secours passagers
qui laissent une charge perpétuelle sur l'Estat,
et coustent le double à nos sujets de ce qui en
rentre de net dans nos coffres; nous avons crû
que le moyen le plus convenable dans une occasion
aussi pressante et aussi nécessaire, estait de nous
procurer par une refonte des monnoyes des secours
qu'il eust esté trop onéreux de chercher par toutes
autres voyes : Cet expédient nous a paru d'autant
plus juste, que chaque particulier n'y contribue
réellement qu'à proportion de l'argent comptant
dont il estait possesseur au jour des diminutions
par Nous ordonnées, que ceux qui estoient dans la

disette d'argent, loin d'y essuyer une perte, y ont
trouvé pour la plupart une ressource qu'ils n'auroient
pû se procurer d'ailleurs, que ceux qui n'avoient
qu'un argent courant pour les besoins journaliers
n'y font qu'une perte légère, et qu'elle n'est considérable que pour ceux qui ont gardé de fortes
sommes, et qui sont d'autant moins à plaindre qu'il
ont eu des occasions fréquentes de placer leur argent
avec sûreté et avec avantage, et qu'ils ne doivent
par conséquent imputer qu'à eux-mêmes la perte
qu'ils font sur un argent qui estoit devenu inutile
pour eux et pour le public, sitost qu'ils n'en faisoient
aucun usage. Cette refonte n'aura pas les mêmes
inconvénients que celles qui ont esté ordonnées
jusqu'à présent, puisque elle ne portera la valeur
des espèces qu'à quarante-une livres dix sols le marc
des nouveaux écus, et les autres espèces à proportion, qui est le même prix auquel Nous avions crû
nécessaire de réduire et de fixer les espèces par
notre édit du mois de septembre 1724 et qui nous a
paru estre la proportion la plus juste à laquelle on
en puisse fixer la valeur pour éviter les deux extré-
mitez pareillement dangereuses, ou d'une cherté des
denrées et marchandises, ou d'un deffaut de circulation, également nuisibles à l'Estat et au commerce.
Le bénéfice que nous retirerons de cette refonte
entrant en entier dans nos coffres sans remise ni
frais de recouvrement, nous espérons y trouver un

secours plus que suffisant pour acquitter tout le passé, nous mettre au courant des payemens, et en estat de les faire exactement aux échéances ; et si, comme nous avons lieu de le croire, ce bénéfice est plus fort que les dépenses auxquelles nous l'avons destiné, nous joindrons cet excédant au produit du cinquantième, pour augmenter et accélérer nos remboursemens que nous regardons toujours comme nôtre objet principal et le plus important pour l'ordre de nos finances et le bonheur de nos peuples. A ces causes et autres à ce Nous mouvant etc. Voulons et nous plaist ce qui suit :

I

Qu'il soit fabriqué dans nos Monnoyes de nouvelles espèces d'or et d'argent aux empreintes figurées dans le cahier attaché sous le contre-scel de nôtre présent édit : sçavoir, des loüis d'or, au titre de vingt-deux karats et à la taille de trente au marc, et des écus de onze deniers de fin à la taille de huit et trois dixièmes au marc ; lesquelles espèces seront marquées sur la tranche, et auront cours dans toute l'estenduë de nôtre royaume, pays, terres et seigneuries de nôtre obéissance, à raison de vingt livres le louis, les doubles et les demis, à proportion, et de cinq livres l'écu, les demis, cinquièmes, dixièmes et vingtièmes à proportion.

II

Le travail de ladite fabrication se fera aux remèdes de poids et de loy fixez par nos édits des mois d'aoust 1723 et septembre 1724, et sera jugé en nos Cours des Monnoyes suivant la forme prescrite par l'article IV, de l'édit du mois de décembre 1719.

III

Ordonnons qu'à commencer du jour de la publication de nôtre présent édit, toutes les anciennes espèces d'or et d'argent, de fabrique de France et étrangères, demeureront décriées de tout cours et mise dans toute l'estendue de nôtre royaume, pays, terres et seigneuries de nôtre obéissance, et seront portées en nos Hôtels de Monnoyes pour y estre fondues et converties en espèces dont la fabrication est cy-dessus ordonnée, la valeur desquelles espèces sera payée comptant aux changes desdites Monnoyes ainsi que celles des matières, à raison de cinq cens trente-six livres quatorze sols six deniers six onzièmes le marc d'or fin ou de vingt-quatre karats ; de quatre cens quatre-vingt-douze livres celuy des louis, pistoles du titre fixé par les anciennes ordonnances des rois d'Espagne, des millerets de Portugal, et des guinées d'Angleterre, de trente-sept livres un sol neuf deniers neuf onzièmes le marc d'argent fin ou de douze deniers ; de trente-quatre livres le marc des écus, des piastres et réaux des titres fixez par les anciennes ordonnances des rois d'Espagne, et des écus d'Angleterre ; de trente-cinq livres sept deniers le marc de la vaisselle platte du poinçon de Paris ; de trente-quatre livres dix sols trois deniers le marc de la vaisselle montée du même poinçon ; de trente-trois livres seize sols le marc des piastres neuves du Mexique ; et les autres matières d'or et d'argent, à proportion de leur titre, suivant les évaluations qui seront arrestées par les officiers de nos Cours des Monnoyes, et ce jusqu'au dernier jour du mois d'avril prochain. Voulons que pendant ledit temps, lesdites espèces et matières soient reçuës sur le mesme pied par les changeurs establis dans les villes et bourgs de nôtre Royaume à la seule déduction de leurs droits ainsi qu'ils ont esté fixez par les derniers règlements.

IV

Qu'à commencer du premier jour de mai de la
présente année, lesdites espèces et matières ne seront plus payées dans les Hostels de nos Monnoyes
et par les changeurs, que sur le pied, sçavoir, de
cinq cens vingt-neuf livres un sol neuf deniers neuf
onzièmes le marc d'or fin ou de vingt-quatre karats ; de quatre-cens-quatre-vingt-cinq livres celui
des louis pistoles d'Espagne, millerets de Portugal,
et guinées d'Angleterre ; de trente-six livres dix
sols dix deniers dix onzièmes le marc d'argent fin
ou de douze deniers ; de trente-trois livres dix sols
celuy des écus de France et d'Angleterre, ainsi que
des piastres et réaux d'Espagne ; de trente-quatre
livres dix sols trois deniers le marc de vaisselle
platte du poinçon de Paris ; de trente-quatre livres
un denier le marc de vaisselle montée du même
poinçon ; et de trente-trois livres six sols le marc des
piastres neuves du Mexique ; les autres matières
d'or et d'argent à proportion de leur titre.

V

Qu'au premier jour d'aoust de la présente année,

lesdites espèces et matières ne seront plus payées dans les Hostels des Monnoyes et par les changeurs, que sur le pied, sçavoir : de cinq cens vingt et une livres neuf sols un denier un onzième le marc d'or fin ou de vingt-quatre karats ; de quatre cens soixante-dix-huit livres celuy des loüis, pistoles d'Espagne, millerets et guinées ; de trente-six livres le marc d'argent fin ; de trente-trois livres celuy des écus, piastres, réaux et écus d'Angletérre ; de trente-quatre livres le marc de la vaisselle platte du poinçon de Paris ; de trente-trois livres dix sols celuy de la vaisselle montée du même poinçon ; et de trente-deux livres seize sols le marc des piastres neuves du Mexique ; les autres matières d'or et d'argent à proportion de leur titre.

I

Qu'au premier jour du mois de septembre en suivant, lesdites espèces et matières ne seront plus payées dans les Hostels des Monnoyes et par les changeurs, que sur le pied, sçavoir: de cinq cens six livres trois sols sept deniers sept onzièmes le marc d'or fin ; de quatre cens soixante-quatre livres celuy des loüis, pistoles d'Espagne, millerets et guinées ; de trente-quatre livres dix-huit sols deux

deniers deux onzièmes le marc d'argent fin ; de
trente-deux livres celui des écus, piastres, réaux et
écus d'Angleterre ; de trente-deux livres dix-neuf
sols quatre deniers le marc de la vaisselle platte du
poinçon de Paris ; de trente-deux livres neuf sols
huit deniers celui de la vaisselle montée du même
poinçon ; et de trente-une livres quinze sols huit
deniers le marc des piastres neuves du Mexique ;
les autres matières d'or et d'argent à proportion de
leur titre.

VII

Et pour que le commerce ne soit point inter-
rompu en attendant qu'il ait pu estre fabriqué un
nombre suffisant de nouvelles espèces, Voulons que
les loüis de trente-sept et demy au marc, et les écus
de la dernière fabrication, ensemble les écus de dix
au marc fabriquez ou réformez en exécution des
édits des mois de may 1718 et septembre 1720 con-
tinüent d'avoir cours dans le commerce depuis le
premier février prochain jusqu'au dernier avril de
la présente année ; lesdits loüis sur le pied de douze
livres, et lesdits écus sur le pied de trois livres, et
les demis, quarts et autres diminutions à proportion. Voulons pareillement que passé ledit jour

dernier avril prochain, lesdites espèces soient décriées de tout cours et mise et soient sujettes aux
mêmes confiscations que le sont à présent celles
des fabrications précédentes, suivant les anciens
règlements que nous voulons estre exécutez selon
leur forme et teneur, ainsi que ceux faits tant par
nous, que par les rois nos prédécesseurs, à l'occasion des fausses fabrications et réformes, la sortie
des espèces et matières d'or et d'argent de nostre
royaume, le billonnage et autres contraventions sur
le fait des monnoyes.

VIII

Et néanmoins pour faciliter à nos sujets l'occasion
de se défaire des anciennes espèces, et accélérer le
recouvrement de nos revenus, nous entendons que
pendant le mois de février, mars et avril de la présente année, tous les anciens loüis et écus fabriquez
en nos Monnoyes, soient reçûs dans les bureaux
des recettes de nos deniers, sçavoir : les loüis fabriquez avant l'édit du mois de may 1709, du poids
de cinq deniers six grains, pour treize livres sept
sols chacun ; ceux fabriquez en conséquence des
édits des mois de may 1709 et décembre 1715, du
poids de six deniers neuf grains, pour seize livres

quatre sols ; ceux fabriquez en conséquence de
l'édit du mois de novembre 1716, du poids de neuf
deniers treize grains pour vingt-quatre livres six
sols ; ceux dont la fabrication a esté ordonnée par
édits des mois de may 1718 et septembre 1720, du
poids de sept deniers quinze grains, pour dix-neuf
livres huit sols ; et ceux de la dernière fabrication ,
du poids de cinq deniers deux grains, pour douze
livres dix-huit sols ; les doubles et les demis de
tous les dits loüis à proportion ; les écus fabriquez
avant l'édit du mois de may 1709, du poids de
vingt-un deniers, pour trois livres quatorze sols ;
ceux des fabrications de 1709 et 1715, du poids de
vingt-trois deniers dix-huit grains, pour quatre livres
trois sols six deniers ; ceux des fabrications de
1718 et 1720, du poids de dix-neuf deniers, pour
trois livres six sols ; et ceux de la dernière fabrication, pour trois livres quatre sols ; sans cependant que par la disposition du présent article nous
entendions rien innover à ce qui est ordonné pour
les confiscations de toutes les espèces décriées,
lesquelles confiscations continueront d'avoir lieu
pour toutes lesdites espèces, à l'exception seulement
de celles qui seront apportées en exécution du présent article aux collecteurs et receveurs de nos impositions ou droits, et de celles qui se trouveront
en leurs maisons qui seront justifiées provenir de
leur recette.

IX

Et comme parmi lesdites anciennes espèces, il pourroit s'en trouver de plus légères que les poids énoncez en l'article précédent, Nous permettons en ce cas aux receveurs et collecteurs de nos droits, de déduire sur le prix fixé pour lesdites espèces, celuy du poids manquant, à raison de deux sols deux deniers par grain d'or, et de deux deniers par grain d'argent, sans néanmoins qu'audit cas le particulier porteur desdites espèces soit contraint de les donner sur ledit pied ; Voulons que luy soit permis de les retirer pour les porter directement aux changes ou aux Hostels de nos Monnoyes.

Registrées, etc., à Paris, le quatrième jour de février mil sept cens vingt-six.

DÉCLARATION DU ROI

PORTANT FIXATION DE LA VALEUR DE L'OR RELATIVEMENT A L'ARGENT, ET DE LA PROPORTION ENTRE LES MONNOIES DE L'UN ET DE L'AUTRE MÉTAL; AVEC ORDONNANCE D'UNE NOUVELLE FABRICATION DES MONNOIES D'OR.

(Donnée à Fontainebleau le 30 octobre 1785).

LOUIS, PAR LA GRACE DE DIEU, etc... L'attention vigilante que nous donnons à tout ce qui peut intéresser la fortune de nos sujets et le bien de notre État nous a fait apercevoir que le prix de l'or est augmenté depuis quelques années dans le commerce ; que la proportion du marc d'or au marc d'argent, étant restée la même dans notre royaume, n'est plus relative aujourd'hui à celle qui a été successivement adoptée en d'autres pays, et que nos monnoies d'or ont actuellement, comme métal, une valeur supérieure à celle que leur dénomination exprime et suivant laquelle on les échange contre nos monnoies d'argent ; ce qui a fait naître la spéculation de les vendre à l'étranger, et présente en même temps l'appas d'un profit considérable à ceux qui se permettroient de les fondre au mépris de nos ordonnances.

Le préjudice qui en résulte pour plusieurs genres de commerce, par la diminution déjà sensible de l'abondance des espèces d'or dans notre royaume, a rendu indispensable d'en ordonner la nouvelle fabrication, comme le seul moyen de remédier au mal, en faisant cesser son principe ; mais, en cédant à cette nécessité, notre premier soin et la première base de notre détermination ont été qu'elle ne pût causer la moindre perte aux possesseurs de nos monnoies d'or, qu'elle leur devînt même avantageuse ; et pour ne laisser aucun nuage sur cet objet important, nous avons voulu que le développement de toute l'opération, et la publication du tarif qui en présente les résultats, en manifestassent clairement la justice et l'exactitude.

La nouvelle monnoie d'or aura la même valeur numéraire que la monnoie actuelle, elle aura aussi le même titre de fin ; il n'y aura de différence que dans la quantité de la matière, qui y sera réduite à sa juste proportion, et il sera tenu compte de cette différence aux possesseurs d'espèces d'or, lorsqu'ils les rapporteront à nos hotels des Monnoies ; notre intention étant qu'ils profitent du bénéfice de l'augmentation sur le prix de l'or.

Par une opération dirigée aussi équitablement, le rapport de nos monnoies d'or aux monnoies d'argent se trouvera rétabli dans la mesure qu'exige celle qui a lieu chez les autres nations, l'intérêt de les exporter disparoîtra, la tentation de les fondre ne sera plus excitée par l'appas du gain, notre royaume ne sera plus lésé dans l'échange des métaux, et il n'en pourra résulter ni dérangement dans la circulation, ni changement aucun dans le prix des productions et des marchandises, puisque toutes les valeurs se règlent relativement à l'argent, dont le cours sera toujours le même.

A CES CAUSES, et autres à ce nous mouvant, voulons et nous plaît ce qui suit :

ARTICLE Ier. Chaque marc d'or fin de vingt-quatre karats vaudra quinze marcs et demi d'argent fin de douze deniers, et sera reçu et payé, dans nos Monnoies et Changes, pour la somme de *Huit cents vingt-huit livres douze sous*, valeur des dits quinze marcs et demi d'argent au prix actuel de *Cinquante-trois livres neuf sous deux deniers* le marc, fixé par le tarif de nos Monnoies du mois de mai 1773.

ART. II. Toutes nos monnoies d'or ayant cours

actuellement : *Louis, Double-Louis et Demi-Louis*, cesseront d'avoir cours à compter du 1ᵉʳ janvier prochain, et seront reçus et payés comptant en espèces dans nos Monnoies et Changes, à compter du jour de la publication de la présente Déclaration, jusqu'au 1ᵉʳ avril prochain, sur le pied de *Sept cents cinquante livres* le marc, ou *Vingt-cinq livres* le louis, qui, par l'usage, n'auroit rien perdu de son poids ; et sauf, en cas de diminution du poids, de faire sur ledit prix de vingt-cinq livres une diminution proportionnelle : ledit terme expiré, ils n'y seront plus reçus que sur le pied de *Sept cents quarante-deux livres dix sous* le marc, ou *Vingt-quatre livres quinze sous* par louis ayant son poids complet.

Aʀт. III. L'or, tant en lingots qu'en monnoies étrangères, apporté dans nos Monnoies et Changes, y sera payé en proportion de son titre de fin, sur le pied de *Huit cents vingt-huit livres douze sous* le marc fin et *Trente-quatre livres dix sous six deniers* le karat, conformément au tarif annexé à ces présentes, dans lequel les monnoies étrangères ont été portées sur le pied de ladite augmentation.

Aʀт. IV. Il sera fabriqué de nouveaux louis d'or, au même titre que ceux qui ont actuellement cours ; chaque marc sera composé de trente-deux louis, afin qu'au moyen de l'augmentation survenue dans la valeur de l'or, chaque nouveau louis continue de valoir vingt-quatre livres et ait précisément la même valeur en argent; lesquels louis porteront l'empreinte désignée dans la feuille attachée sous le contre-scel des présentes, et auront cours dans tout notre royaume pour Vingt-quatre livres pièce.

Art. V. Le travail de la fabrication des dits louis sera fait aux mêmes remèdes de poids et de loi que nos monnoies d'or actuelles, et sera jugé en notre Cour des Monnoies, conformément à nos précédents édits et déclarations.

Voulons que la refonte et fabrication des louis soient faites dans nos Monnoies de Paris, Lyon, Metz, Bordeaux et Nantes seulement; que les lingots ou espèces d'or étrangères qui pourront être apportés pendant cette nouvelle fabrication soient également remis exclusivement aux dites Monnoies et que nos autres Monnoies ne puissent fabriquer aucun louis à la nouvelle empreinte, jusqu'à ce qu'il en soit autrement ordonné.

Donné à Fontainebleau le trentième jour d'octobre, l'an de grâce mil sept cent quatre-vingt-cinq.

EXPOSÉ DES MOTIFS

DE LA LOI DES 7-17 GERMINAL, AN XI.

Citoyens législateurs, les assemblées nationales se sont fréquemment occupées des monnaies. Quoique leurs travaux sur cette matière n'aient produit que des résultats partiels, elles ont posé les bases d'un système monétaire plus régulier, plus simple et surtout plus invariable que celui qu'on avait suivi jusqu'alors. Le projet que nous sommes chargés de présenter à votre approbation améliore ce qui est fait, règle ce qui ne l'est pas encore, et renferme dans un petit nombre d'articles toutes les dispositions permanentes que la Constitution a placées dans le domaine de la loi.

Ce projet est, en quelque sorte, précédé par une disposition générale, qui tend à prévenir la dépréciation de l'étalon, et à ramener vers un point fixe toutes les variations de valeur qui peuvent survenir entre les métaux employés à la fabrication des monnaies. Il en résulte une garantie pour l'exécution des transactions commerciales et la conservation de la propriété, ce que nous n'apercevons dans la législation monétaire d'aucun peuple.

Les cinq premiers articles concernent la monnaie d'argent. Le titre de neuf dixièmes de fin facilite le calcul. Il est bon pour la fabrication et très rapproché de celui de la matière qui alimente nos ateliers. C'est celui des pièces fabriquées en exécution des dernières lois. Ces considérations réunies lui méritent la préférence sur l'ancien titre, duquel il est, d'ailleurs, très rapproché. Le poids et la valeur de toutes les coupures, depuis le quart de franc jusqu'à cinq francs, sont calculés sur l'échelle décimale, qui, étant la base du système de numération usité chez tous les peuples civilisés, présente bien plus d'avantages que l'échelle duo-décimale à laquelle on avait adapté l'ancienne fabrication.

Les tolérances de poids et de titre sont exprimées en fractions décimales et réduites en proportion des progrès de l'art. Elles sont divisées moitié en dehors et moitié en dedans; cette disposition a pour objet de compenser l'emploi des tolérances, et de donner à la fabrication toute l'exactitude désirable. Cet heureux effet de la division des remèdes est

garanti par les résultats des vérifications opérées
jusqu'à ce jour sur les pièces de cinq francs : l'emploi
réel des remèdes, en plus et en moins, se balance
avec une précision étonnante. Les procédés se per-
fectionnent chaque jour, cet avantage est solide-
ment acquis, et il assure à la monnaie nationale
une grande supériorité de confiance, proportionnée
à la certitude de sa valeur réelle.

Les pièces d'or en circulation sont de 24 et
48 livres tournois. L'article 6 du projet y substitue
celles de 20 et de 40 francs. L'adoption de l'échelle
décimale nécessite ce changement qui met en concordance toutes les parties du système. C'est
d'après la même considération que le titre est fixé,
comme celui de l'argent, à neuf dixièmes de fin.
Les tolérances sont réduites au strict nécessaire et
divisées moitié en dehors, moitié en dedans, par
les raisons que j'ai eu l'honneur de vous exposer.

Les frais de fabrication qui doivent être payés
par les porteurs de matières sont au-dessous des
dépenses actuelles; mais les procédés usités jusqu'à
ce jour recevront de nouveaux perfectionnements.
Il faut encore observer que toutes les opérations
désastreuses qui ont été faites sur les monnaies à
diverses époques ayant été le résultat d'une intention fiscale, il était essentiel d'écarter soigneusement
tout principe et tout motif de fiscalité.

Le concours des monnaies de billon, de cuivre et

de mauvais alliage connu sous le nom de métal de cloches, occasionne un embarras considérable et des pertes continuelles. Ce désordre préjudiciable au commerce et au Trésor, sera réparé sans léser aucun intérêt légitime. Il faut commencer par fermer la porte aux abus. C'est dans cette intention que le gouvernement vous propose de n'admettre désormais que le cuivre pur à la fabrication. Le projet ne fait aucune mention du billon. Cette monnaie n'est pas seulement inutile, elle est encore éminemment susceptible de falsification; elle consomme beaucoup d'argent; elle a de plus l'inconvénient presque inévitable d'introduire le billon étranger qui vient circuler à nos dépens pour une valeur exagérée.

Les coupons de la monnaie de cuivre sont disposés de manière à donner, par soustraction ou par addition, tous les centièmes de franc sans employer le centime que sa petitesse et sa valeur exiguë rendent un objet de rebut.

Le type des monnaies est spécialement destiné à garantir la fidélité de la fabrication. C'est un sceau apposé sur chaque pièce pour attester que la fabrication est au titre et au poids déterminés par le législateur, tout comme la signature du premier consul et l'apposition du sceau de l'État attestent à tous les citoyens que les lois promulguées sont conformes à vos délibérations.

Le type que nous avons l'honneur de vous proposer est véritablement national : d'un côté, la tête du premier consul, avec cette légende : *Bonaparte, premier consul;* de l'autre, deux branches d'olivier (symbole de la paix et de l'abondance) avec la légende : *République française.* Cet emblème convient à une nation dont les puissances ennemies ne sauraient troubler la paix intérieure, et qui trouve dans son territoire et son industrie toujours croissants une source intarissable de richesses. L'ensemble du type offre un autre emblème agréable à tous les Français, puisqu'il exprime l'union inaltérable qui existe entre le peuple et celui qu'il a choisi pour son premier magistrat.

Les monnaies étaient autrefois soumises à deux vérifications. La première se faisait immédiatement après la fabrication et sur les lieux; elle suffisait pour autoriser l'émission des espèces. L'autre avait lieu à Paris; elle s'exécutait ou plus tôt ou plus tard, selon le bon plaisir de la Cour des Monnaies et ne donnait au public aucune garantie. La vérification s'opère maintenant sous les yeux de l'administration centrale; elle précède l'émission des monnaies, et prévient toute espèce d'abus. Quoique ce dernier mode retarde de quelques jours l'émission des pièces fabriquées dans les départements, il mérite la préférence, puisqu'il procure une entière sécurité.

Le principal objet du projet de loi dont je viens de motiver les dispositions est facile à saisir. Il tend à fixer, d'une manière indubitable, la valeur des monnaies, à bonifier le change, à donner au crédit une nouvelle base, et aux transactions commerciales une entière garantie. Vous y retrouverez, citoyens législateurs, l'empreinte des principes salutaires que le gouvernement applique, sans relâche, à toutes les parties de l'administration. Nous le présentons avec confiance à l'approbation du corps législatif.

LOI

SUR LA FABRICATION ET LA VÉRIFICATION DES MONNAIES DE LA RÉPUBLIQUE FRANÇAISE DES 7-17 GERMINAL AN XI.

AU NOM DU PEUPLE FRANÇAIS,

BONAPARTE, Premier Consul, PROCLAME loi de la République le décret suivant, rendu par le Corps législatif le 7 germinal an XI, conformément à la proposition faite par le Gouvernement le 19 ventôse, communiquée au Tribunat le lendemain.

DÉCRET

DISPOSITION GÉNÉRALE

Cinq grammes d'argent, au titre de neuf dixièmes de fin, constituent l'unité monétaire, qui conserve le nom de franc.

TITRE Ier

DE LA FABRICATION DES MONNAIES.

Art. 1er. Les pièces de monnaies d'argent seront d'un quart de franc, d'un demi-franc, de trois quarts de franc, d'un franc, de deux francs, et de cinq francs.

Art. 2. Leur titre est fixé à neuf dixièmes de fin et un dixième d'alliage.

Art. 3. Le poids de la pièce d'un quart de franc sera d'un gramme vingt-cinq centigrammes ;

Celui de la pièce d'un demi-franc, de deux grammes cinq décigrammes ;

Celui de la pièce de trois quarts de franc, de trois grammes soixante-quinze centigrammes ;

Celui de la pièce d'un franc, de cinq grammes ;

Celui de la pièce de deux francs, de dix grammes;

Celui de la pièce de cinq francs, de vingt-cinq grammes.

Art. 4. La tolérance du titre sera, pour la monnaie d'argent, de trois millièmes en dehors, autant en dedans.

Art. 5. La tolérance de poids sera, pour les pièces d'un quart de franc, de dix millièmes en dehors, autant en dedans; pour les pièces d'un demi-franc et de trois quarts de francs, de sept millièmes en dehors, autant en dedans; pour les pièces d'un franc et de deux francs, de cinq millièmes en dehors, autant en dedans; et pour les pièces de cinq francs, de trois millièmes en dehors, autant en dedans.

Art. 6. Il sera fabriqué des pièces d'or de vingt francs et de quarante francs.

Art. 7. Leur titre est fixé à neuf dixièmes de fin et un dixième d'alliage.

Art. 8. Les pièces de vingt francs seront à la taille de cent cinquante cinq pièces au kilogramme, et les pièces de quarante francs à celle de soixante-dix-sept et demi.

Art. 9. La tolérance du titre de la monnaie d'or

est fixée à deux millièmes en dehors, autant en dedans.

Art. 10. La tolérance de poids est fixée à deux millièmes en dehors, autant en dedans.

Art. 11. Il ne pourra être exigé de ceux qui porteront les matières d'or ou d'argent à la Monnaie que les frais de fabrication.

Ces frais sont fixés à neuf francs par kilogramme d'or et à trois francs par kilogramme d'argent.

Art. 12. Lorsque les matières seront au-dessous du titre monétaire, elles supporteront les frais d'affinage ou de départ.

Le montant de ces frais sera calculé sur la portion desdites matières qui doit être purifiée pour élever la totalité au titre monétaire.

Art. 13. Il sera fabriqué des pièces de cuivre pur de deux centièmes, de trois centièmes et de cinq centièmes de franc.

Art. 14. Le poids des pièces de deux centièmes sera de quatre grammes ;

Celui des pièces de trois centièmes, de six grammes, et celui des pièces de cinq centièmes, de dix grammes.

Art. 15. La tolérance de poids sera, pour les pièces de cuivre, d'un cinquantième en dehors.

Art. 16. Le type des pièces de monnaie est réglé comme il suit : sur une des surfaces des pièces d'or, d'argent et de cuivre, la tête du **Premier Consul**, avec la légende : Bonaparte, Premier Consul.

Sur le revers, deux branches d'olivier, au milieu desquelles on placera la valeur de la pièce, et en dehors, la légende : République française, avec l'année de la fabrication.

Sur les pièces d'or et de cuivre, la tête regardera la gauche du spectateur; sur les pièces d'argent, elle regardera la droite.

La tranche des pièces de cinq francs portera cette légende : Dieu protége la France.

Art. 17. Le diamètre de chaque pièce sera déterminé par un règlement d'administration publique.

TITRE II.

DE LA VÉRIFICATION DES MONNAIES.

Art. 18. Les monnaies fabriquées aux termes de la présente ne seront mises en circulation qu'après vérification de leur titre et de leur poids; cette vérification se fera sous les yeux de l'Administration des monnaies, immédiatement après l'arrivée des échantillons.

Art. 19. Les directeurs de fabrication pourront assister en personne aux vérifications ou se faire représenter par un fondé de pouvoirs.

Art. 20. L'Administration dressera procès-verbal des opérations relatives à la vérification du monnayage ; elle enverra ce procès-verbal au Ministre des finances et du Trésor public, avec sa décision.

Art. 21. Les pièces qui auront servi à constater l'état de la fabrication resteront déposées aux archives de l'Administration des monnaies pendant cinq ans ; elles seront ensuite passées en recette au caissier, qui les enverra à la refonte.

Art. 22. En cas de fraude dans le choix des échantillons, les auteurs, fauteurs et complices de ce délit seront punis comme faux monnayeurs.

TABLE

PARIS. — IMPRIMERIE P. MOUILLOT, 13, QUAI VOLTAIRE.